BESCHWERDEFREI LAUFEN

südwest

BENITA CANTIENI

BESCHWERDEFREI LAUFEN

Mit effektiven Haltungs- und Bewegungsübungen zur richtigen Lauftechnik

Inhalt

Vorwort von Birgitt Watts 6

1 **Warum ich dieses Buch schreibe** 8

2 **Selbstheilung im Baukastensystem** 12
Fallbeispiele 16

3 **Bewegung beginnt im Kopf** 20
Die Fliehkraft spüren • Evolutionäres Rätselraten
Fallbeispiele 28

4 **Installation der neuen Software** 30
Die Grundsätze – natürlich, schön, leicht
Fallbeispiele 34

5 **Aller Anfang heißt Fuß** 38
Zwei Standpunkte • Workout für die Füße
Fallbeispiele 46

6 **Kniefall für das Knie** 50
Fallbeispiele 56

7 **Die Hüften von John Wayne und Marilyn** 62
Fallbeispiele 66

8 **Das Becken – geniale Biomechanik** 68
Üben, fertig, los ... • Der berühmt-berüchtigte Iliopsoas
Fallbeispiele 78

9 **Aufrichten – Wirbel um Wirbel** 82
Rücken Sie sich fit • Turbokraft für den Beckenboden
• In den aufrechten Gang
Fallbeispiele 99

10 **Lassen Sie doch die Schultern los** 104
Schulterschluss und Schulterlogik • Schulterfrei mit Garantie
Fallbeispiele 112

11 **Koordinationskünstler Arm** 116
Armbefreiungsaktionen • Der Arm beim Gehen
Fallbeispiele 127

Die Aufspannung des Körpers ist die Grundlage der federleichten Laufnatur.

12 **Kopf hoch macht das Laufen leicht** 132
Mikrokosmos Kopf • So läuft der Kopf
Fallbeispiele 136

13 **Der goldene Schritt** 138
Vollfußgehen
Fallbeispiele 142

14 **Jetzt endlich die Gangart** 144
Der Mensch ist Fußgänger
Fallbeispiele 148

15 **Die sieben besten Dehnübungen** 152
Ganzkörperdehnung • Schultern und Nacken • Waden
Schenkel und Rücken • Adduktoren und Hüftbeuger (Psoas)
Rücken und Kniesehne • Oberschenkel und Hüftbeuger (Psoas) • Hüften, Hüftbeuger und Kniesehnen

16 **Die beliebtesten Ammenmärchen** 160
Fallbeispiele 167

Special: CANTIENICA® – Methode für Körperform & Haltung 168

Abspann 170
Benita Cantieni – Beruf & Leben • Buchtipps 170
Register 172
Impressum/Über dieses Buch 175

Der ganze Körper wird von der Sohle bis zum Scheitel aufgespannt, damit sich alle Gelenke wieder frei bewegen können.

Vorwort

»Also dann bis morgen früh. Sieben Uhr wird gelaufen. Ich hol dich ab«, rief sie mir zu – und weg war sie. Huch, was hatte ich mir da eingebrockt? Ich und LAUFEN. So ernst hatte ich das doch nicht gemeint, als ich sagte, ich käme vielleicht irgendwann einmal mit. Hilfe!

Es war schwer. Ich war schwer. Unendlich schwer. Laufen – ein Jugendtrauma. Und jetzt freiwillig laufen?!

Sofort stießen mir Erinnerungen sauer auf, Erinnerungen an die ungeliebten Schulsportstunden vor 20 Jahren. Schweißüberströmt. Nach Luft japsend. Knieweh. Seitenstechen. Mein Po wie eine stattliche Götterspeise desorientiert irgendwo zwischen Kniekehlen und Schulterblättern. Labiles Gleichgewicht. Und mittendrin die Frau mit der Trillerpfeife: »Stell dich nicht so an!« – »Was bist du für ein Tollpatsch, Birgitt!« – »Das kann doch nicht so schwer sein.« Es war schwer. Ich war schwer. Unendlich schwer.

Laufen – ein Jugendtrauma. Und jetzt FREIWILLIG laufen? Pünktlich um sieben – sie ist Schweizerin – steht sie vor meiner Tür. Es regnet in Strömen. Sie hat die Kapuze tief ins Gesicht gezogen und lächelt mich fröhlich an. Tapfer lächele ich zurück.

Und los geht's. Ich laufe.

Ein paar Tage zurück. Sie telefoniert. Ich höre das Wort »Internetbuch« und spitze die Ohren. Ich darf das, wir machen das beide, es ist Teil unserer Kommunikation, dass wir alles hören und sehen, was die andere macht. Internetratgeber? Ja, klar, was denn sonst.

Sie, Benita Cantieni, mit der ich nun schon seit einigen Jahren zusammenarbeiten darf, und ich meine: darf – denn je länger ich sie kenne, desto mehr bewundere und schätze ich sie für ihre Kreativität und ihren Mut: Sie hatte gerade beschlossen, ihr neuestes Buch im Internet zu schreiben.

Und zwar nicht einfach: Autor schreibt, Leser konsumiert. Nein, das ist Benita Cantieni zu wenig und zu langweilig. Sie, die all ihre Inspiration und ihr Wissen aus der Arbeit mit Menschen holt, will genau diese Menschen und ihre Erfahrungen einbeziehen. Ein interaktives Buch muss es also werden. Die Besucher können praktisch beim Schreiben zusehen, so live, wie das derzeit e-technologisch eben machbar ist. Und die Menschen können fragen. Das Prinzip ist mit dem eines Chatrooms vergleichbar.

Das Thema? Ach, das Thema: L-A-U-F-E-N. Laufen aus Freude an der Bewegung. Laufen, weil es der Körper will, nicht der Kopf. Laufen nach einem neuen, revolutionären Bewegungsprinzip.

Über 100 000 Visitors nahmen teil. Über 450 stellten Fragen und bekamen sofort Antwort. Das Ergebnis ist ein realistischer, lebendiger Ratgeber. Motivierend, überzeugend, leicht umsetzbar. Die Zeit, in der das Buch im Internet entstand, war für mich aufregend. In zweierlei Hinsicht. Da war auf der einen Seite jeder Tag, an dem ich mich ungeduldig auf www.laufensiemit.de klickte, um das nächste Kapitel und die vielen, vielen Fragen und Feedbacks zu verschlingen. Zu wissen, dass dieser Text gerade neu entstanden war, frisch und frech, erzeugte bei mir Krimispannung. Und dann war da auf der anderen Seite jeder Tag, an dem ich mich ungeduldig in meine Laufschuhe stürzte und um sieben Uhr lächelnd loslief.

Das Buch ist fertig, Sie halten es in Ihren Händen.

Ich laufe immer noch. Immer lieber. Immer öfter. Wann immer es geht, mit Benita Cantieni. Sonst allein. Zum Lächeln muss ich mich nicht mehr zwingen. Denn jetzt weiß ich, was mir die Trillerpfeifentante verschwieg: Wie es sich leicht läuft, so leicht, dass ich wirklich gern laufe.

Ja, Sie lesen richtig. Es hat mich gepackt. Es läuft von selbst. Es geht so leicht, ich sehe das Reh im Unterholz und den Frühnebel über dem See. So macht Laufen Spaß.

Versuchen Sie's doch auch. Die perfekte Anleitung halten Sie in Händen. Sie brauchen's nur so zu machen, wie es hier beschrieben steht. Und ich verspreche Ihnen – Laufen macht Spaß!

Birgitt Watts

Birgitt Watts ist Master Teacher der CANTIENICA®-Methode für Körperform & Haltung.

1

Warum ich dieses Buch schreibe

Laufen – aber richtig!

Ich sage Ihnen nicht, dass Sie laufen sollen.
Ich sage Ihnen auch nicht, wie oft Sie laufen sollen. Ich sage Ihnen nicht, warum Sie laufen sollen. Ich sage Ihnen nicht, welche Strecke Sie zurücklegen sollen. Ich sage Ihnen schon gar nicht, wie lange Sie laufen sollen. Das haben Ihnen andere schon längst gesagt. Dafür gibt es schon 1001 Bücher. Darunter ein paar sehr gute. Ich sage Ihnen etwas anderes. Ich sage Ihnen, wie Sie laufen können. Wenn Sie es können.

Ich führe Sie zur Bewegungsnatur Ihres Körpers. Zurück. Oder vorwärts. Das ist mir eigentlich egal.
Ich führe Sie zu Ihrer Bewegungsintelligenz. Damit Sie keinen Guru mehr brauchen, der Sie auf den Ballen laufen lässt.
Oder auf den Fersen. Oder in Spezialschuhen.
Oder gar mit Einlagen.
Wenn Sie die Gesetze des aufrechten Gangs des Menschen verstehen und umsetzen, dann wird Laufen leicht.
Schön.
Vergnüglich.
Der Gesundheit und der Schönheit zuträglich.
München, Englischer Garten. Frühsommerabend. Laue Temperatur. Zwitschernde Vögel. Der Duft blühender Lindenbäume. Laufende Menschen. Lauter gute Gründe für lachende Gesichter, lebensfrohe Körper, bewegte Sinnlichkeit.

Entdecken Sie die Intelligenz Ihres Körpers.

Doch davon keine Spur. Anstrengung und Krampf allenthalben. Verbissenes Tun.
Da, der junge Mann. Schultern hochgezogen, Kopf in den Nacken geworfen. Ferrarirot das Gesicht, Schweiß tropft von der Stirn. Der Ausdruck so, als sei ihm gerade der letzte Zahn gezogen worden. Die Füße schlurfen knapp über den Kiesweg.
Der Mann da, etwa 60, der gibt sich mächtig Mühe. Wirft den Oberkörper vor, rennt ihm mit großen Schritten nach. Streckt bei jedem Schritt die Knie voll durch. Die Schultern mimen Beschwingtheit. Hat wohl was von sanftem Laufen gelesen.
Oh, da, ein Profi. Frau, jung, attraktives Outfit. Kopfhörer, Stirnband. Verdreht das Becken und gegengleich die Schultern. Doch, das ist schon ganz ordentlich, auf einem guten Weg. Die Schultern ein bisschen steif. Die Oberschenkel leicht nach innen gedreht.
Sie, liebe Frau, ja, Sie meine ich, macht Ihnen das Spaß? Oder tun Sie's, weil es alle tun? Was ich auszusetzen habe? An Ihnen gar nichts, Respekt und Bewunderung für Ihre Ausdauer. An Ihrem Laufen habe

ich auszusetzen. Sie machen X-Beine und müssen sich bei jedem Schritt überlegen, wie Sie den einen Fuß am anderen Bein vorbei bringen. Die Hüften stehen steif und schief. Ich möchte Ihnen gerne sagen, wie Sie's ökonomisch und schön machen können.
Hach, da, das vorgeschobene Becken. Steißbein eingezogen, Pobacken zusammengekniffen. Auch eine beliebte Variante.
Hallo, Mann, O-Beine wie John Wayne, auch schon die entsprechenden Narben an den Knien. Menisken operiert? Oder die Kreuzbänder? Oder beide? Menschen, seid ihr tapfer! Was krampft ihr euch ab. Dabei ist es so einfach. So leicht.

Lernen Sie Ihren Körper kennen …

Neinnein, ich bin kein Besserwisser.
Ich bin ein Besserlerner.

… dann lehrt er Sie das Laufen.

Mein Modell war Wackelpo mit Hüftschwung. Auf der Waage war mein Gewicht normal. Beim Laufen fühlte ich es als zentnerschweres Übergewicht.
Ich versuchte es immer wieder. Und hasste es immer wieder. Laufen. Schrecklich.
Das Gewebe an den Oberschenkeln und am Po klopfte bei jedem Schritt ab und auf und auf und ab. Bis es mir wehtat. (Dagegen hilft der Einsatz der Beckenbodenmuskulatur.)
Die Hüften wussten nicht so recht, was sie eigentlich machen sollten, und entschieden sich für eine Arthrose. (Dagegen gibt es den anatomisch guten Gebrauch der Beckenhälften, basierend auf dem Einsatz des Beckenbodens.)
Die Füße. Ach, die Füße. Irgendwie hatte ich da unten am Ende meiner Beine wohl etwas anderes als alle anderen Menschen. Denn meine Dinger taten die meiste Zeit weh. Es half kein Schuh. Der Arzt sagte Hallux valgus mit Senk-Spreiz-Fuß dazu. (Dagegen hilft der gute Gebrauch des Fußes am gut gebrauchten und anatomisch ausgerichteten Bein.)

Dann gab es regelmäßig Seitenstechen. (Dagegen gibt es die vertikale Aufrichtung.) Kreuzschmerzen. (Dagegen gibt es die vertikale Aufspannung des Rückens.) Kurzatmigkeit. (Dagegen hilft das genau angepasste Tempo.)

Von Runner's High keine Spur. Weniger als eine Spur.

Jetzt laufe ich nicht mehr mit dem Kopf. Sondern mit dem Körper. Der weiß viel mehr über Bewegung als mein Gehirn. Schließlich ist es der Körper, der die Beine hat, die Wirbelsäule und die Arme.

Richtig laufen ist die logische Fortsetzung meiner Arbeit: die Erforschung der funktionellen Anatomie. Die Tiefenmuskulatur ist geweckt und trainiert, das Skelett optimal ausgerichtet, die Bewegungsabläufe verstanden und trainiert – so kann es losgehen.

Der aufrechte Gang hat Gesetze. Wer sie kennt, läuft leicht.

So läuft der Körper von selbst.
Weil er es gerne macht.
Weil es ihm gut tut.
So wird das auch in diesem Buch.

Sie beschäftigen sich zuerst mit den Füßen. Dann mit den Beinen und der Beinachse. Dann mit dem Becken, dem Rücken, den Rippen, den Schultern, den Armen, dem Hals, dem Kopf.

Dann noch einmal mit dem Becken. Und dann geht es wirklich los...

2

Selbstheilung im Baukastensystem

Die Summe aller Teile

Zehn Minuten vor sieben Uhr in der Früh. Ein strahlend schöner Junimorgen. Die pfingstverschneiten Berge glitzern in der Ferne. Tau liegt auf den Wiesen. Ein Feld voll Klatschmohn funkelt unter den Tautropfen. Die Vögel geben ihr furioses Konzert zum Sonnenaufgang.

Ich laufe

Ich laufe seit 50 Minuten. Langsam. Mit kleinen Schritten. – Achtung, dieser Satz ist wichtig: Ich laufe langsam. Es ist mir völlig egal, wie viel Weg in Kilometern oder in Minuten gemessen ich zurücklege. Die Bewegung ist mir wichtig, Ferse weich aufsetzen, über den Außenfuß abrollen, das Sprunggelenk bewusst hochziehen, mit dem Vorfuß abstoßen für den nächsten Schritt. Jeder Muskel am Bein und am Fuß ist an jedem Schritt beteiligt. Kopf hochgezogen, Hals lang und leicht, Rücken, Taille, Bauch gedehnt, Rippen entspannt, Schultern schwerelos, Ganzkörperlaufen.

Sie können mit den Beinen laufen. Oder mit dem ganzen Körper.

Meine Bewegungen sind nicht langsam, im Gegenteil. Die Schritte sind indes so klein, dass ich in einer gleichen Zeit viel weniger weit komme als der Mann, der mich gerade überholt. Er keucht, wirft das Bein weit voraus, folgt mit krummem Oberkörper. Mit ihm verglichen bin ich langsam. So langsam, ich kann dabei lächeln. Und die Frau grüßen, die mit ihrem Husky geht. Ich laufe mit Freude. Ohne Schmerzen. Und das ist für mich ein Wunder. Auch Sie können dieses Wunder schaffen.

Ein Anfang

Ich war 45 Jahre meines Lebens unfähig, länger als zehn Minuten hintereinander zu laufen. Es schmerzten der Rücken (Wirbelsäulenverkrümmung) und die Hüfte (Schiefstand, Arthrose), als Folge davon das Knie und schließlich reihten sich auch noch die Füße ins Wehklagen ein. Aus lauter Anstrengung fiel ich dann auch noch in die Kurzatmigkeit des geborenen Asthmatikers.

Weg. Alles weg. Mit 50 Jahren entdeckte ich die pure Lust an Bewegung. Wie ich dieses Wunder zustande brachte, das erzähle ich Ihnen hier. Weil dieses Wunder eigentlich ein Geburtsrecht des Menschen ist. Und weil dieses Wunder ziemlich einfach zu realisieren ist.

Wenn Sie eine unverdorbene Bewegungsnatur sind, verirren Sie sich gar nicht in dieses Buch.

Wenn Ihnen beim Laufen oder Walken, Rad fahren oder Ski laufen
- die Füße oder
- die Knie oder
- die Kreuzbeingelenke (»ISG-Syndrom«, sagt der Arzt) oder
- die Hüftgelenke oder
- der Rücken oder
- die Schultern oder
- der Nacken

schmerzen,

wenn Sie vom Laufen
- kurzatmig werden,
- Migräne kriegen,
- wegen Seitenstechen aufgeben müssen,
- schwere Beine, Muskelkrämpfe spüren,

dann sind Sie hier richtig. Sie lernen, Ihren Körper neu und gut zu gebrauchen, damit eben nichts mehr schmerzt. Und zwar im Baukastensystem, von unten nach oben.

Noch ein Anfang

Eine 35-jährige Frau, zwei Kinder, geht wegen Unterleibsschmerzen zum Gynäkologen. Er untersucht sie gründlich und erschrickt: »Ihre Gebärmutter und die Blase haben sich in kurzer Zeit enorm gesenkt«, stellt er fest. »Laufen Sie neuerdings?« Die Frau bejaht. »Sofort aufhören, ich verbiete es Ihnen, Sie laufen sich die Organe raus«, bescheidet der Arzt.

Die Frau ist entsetzt – trotzdem, sie kombiniert richtig: Es kann nicht am Laufen liegen, ihre Muskeln sind zu schwach. Sie beginnt sofort, die Tiefenmuskulatur zu trainieren. Nach drei Monaten Intensivtraining fängt sie erneut an zu laufen. Die Gebärmutter und die Blase sind wieder am richtigen Ort. Der Gynäkologe ist ebenso beeindruckt wie irritiert.

Und noch ein Anfang

Mann, 43 Jahre alt, geht mit Kniebeschwerden zum Orthopäden. Auf beiden Seiten ist der innen liegende Meniskus, der scheibenförmige Knorpelpuffer, dünn geworden. »Laufen Sie?«, fragt der Arzt. Der Patient bejaht. »Sofort aufhören«, warnt der Doc, »und um eine Operation kommen Sie nicht herum.«

Der Mann wollte aber nicht aufhören mit dem Laufen und landete in einem CANTIENICA®-Studio. Die Analyse des Problems war kinderleicht: Der Mann machte O-Beine. Der Druck auf die Innenmenisken wurde beim Laufen immer größer. Der Mann hat mit großem Engagement die Beinachse korrigiert und ein neues Muskelnetz aufgebaut. Er läuft wieder. Schmerzfrei.

In der Körpermitte ist die Statik am wichtigsten. Da brauchen Sie ein Powerkorsett.

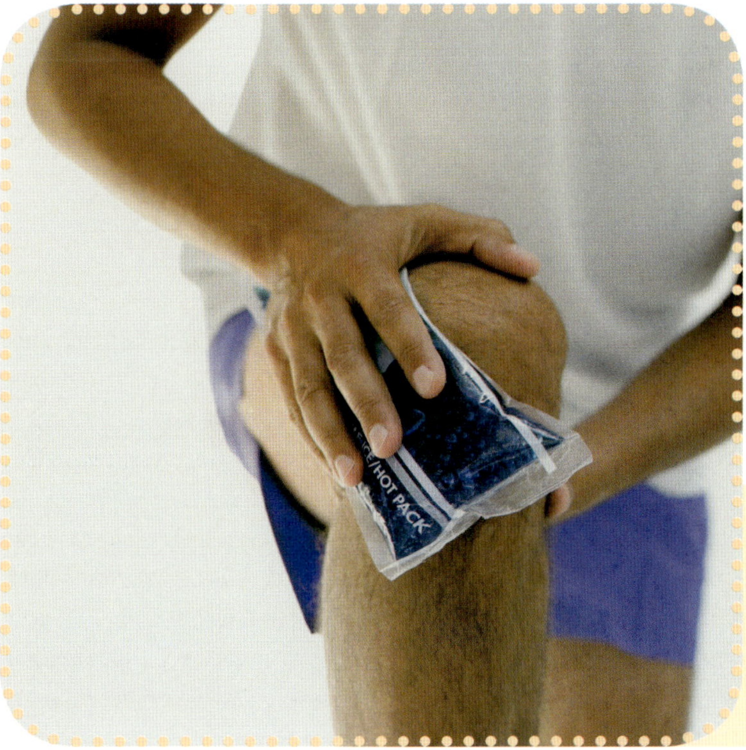

Wenn Laufen schmerzhaft wird, ist in vielen Fällen die falsche Technik schuld.
Darum: Lernen Sie das Laufen neu!

Nadine:

Ich bin 25 Jahre alt, seit ca. 20 Jahren treibe ich regelmäßig Sport. Angefangen habe ich mit Turnen und bin dann zur Leichtathletik gewechselt (insbesondere Sprinten). Aufgrund meiner schwachen Sprunggelenke habe ich sehr viel Zeit im Kraftraum verbracht und Muskeln aufgebaut. Als ich dann keine Lauferfolge mehr hatte, habe ich damit aufgehört. Seit ca. sechs Jahren gehe ich nur noch ins Fitnessstudio, fahre Rad, Rollerblades oder gehe joggen. Trotz chronischer Verletzung kann ich einfach nicht mit dem Sport aufhören, weil ich mich danach körperlich viel besser und schlanker fühle! Jetzt zu meiner eigentlichen Frage: Ich bin 1,65 m groß und wiege 58 kg. Durch mein jahrelanges Muskeltraining habe ich sehr durchtrainierte Waden und für meine Verhältnisse schon viel zu dicke Oberschenkel. Seit einigen Monaten jogge ich zweimal pro Woche. Stimmt es, dass beim Joggen die Oberschenkel und der Po noch dicker/fester werden? Habe ich vielleicht die falsche Lauftechnik?

Benita Cantieni:

Wenn Sie die Übungen durcharbeiten, die ich hier beschreibe, laufen Sie aus und mit der Tiefenmuskulatur. Die äußeren Plustermuckis werden sich ganz schnell zurückbilden.

Tabita:

Ich habe leider ein Gewicht von 93 Kilo bei 1,68 m. Da ich davon gerne runter möchte, habe ich überlegt, wieder zu laufen, denn es macht mir eigentlich großen Spaß. Doch da sind gleich zwei Probleme: 1. Bei jedem Schritt soll das dreifache Körpergewicht auf die Gelenke belastend wirken und 2. fangen meine Waden trotz Dehnen an zu brennen und hören auch nach ca. vier Wochen nicht damit auf. Also dachte ich daran zu walken. Ist das genauso gut wie Joggen?

Benita Cantieni:

Es liegt eben kein dreifaches Gewicht auf den Gelenken, wenn Sie nach meiner methodischen Anatomie laufen oder walken. Erst wird das Skelett optimal ausgerichtet, dann werden die Knochen in der Tiefenmuskulatur befestigt. So trägt sich der Oberkörper selbst, der Beckenboden verhindert, dass die Kilos auf die Waden donnern! Ich schreibe dieses Buch, um mit der fixen Vorstellung aufzuräumen, es könnten nur schlanke Menschen laufen.

Indes: Laufen Sie erst wieder los, wenn Sie Beckenboden und Beckenrotation richtig einsetzen können, sonst wird es wieder nur ein Strohfeuer. Wenn die Muskeln auch beim Wiedereinsteigen brennen, was ich nicht glaube, so können Sie das mit Magnesium lindern oder verhindern. Gibt's in der Apotheke.

Gerlinde:

In letzter Zeit habe ich während und nach dem Joggen oder bereits nach langem Autofahren einen stechenden Schmerz im rechten Knie. Außerdem bekomme ich nach längerem Laufen immer eine schlechte Haltung, meine Schultern kippen nach vorn, und ich mache einen krummen Rücken. Ich bin 175 cm groß und wiege ca. 90 kg.

Benita Cantieni:

Sie bekommen die schlechte Haltung nicht, Sie MACHEN sie. Trainieren Sie die skeletthaltende Tiefenmuskulatur, sodass sie nach dem Laufen oder beim Autofahren nicht mehr durchhängt. Die Knieschmerzen hängen mit der Körperhaltung zusammen; sobald die Beinachse stabil ist, kommen die Schmerzen nicht wieder.

Karl:

Ich bin knapp 60 und laufe wahnsinnig gern. Gerade bin ich in Griechenland und probiere einige Ihrer Anregungen aus. Also barfuß am Strand aufrecht laufen ist schon mal ein besonderer Genuss. Mein Problem: Eine Gewichtsreduzierung (1,76 m und 85 kg) bekomme ich trotz leichter Kost und täglich 40 Minuten Lauf nicht hin.

Benita Cantieni:

Wie lange sind Sie denn in Griechenland? Wenn Sie drei Wochen lang Mousaka und Wein links liegen lassen und sich an Fisch, Salat, Gemüse, Olivenöl halten, könnte das Ihrem Stoffwechsel einen Kick geben. Sind 85 muskulöse Kilogramm bei Ihrer Größe denn viel? Aha, nicht so ganz muskulös ... Ich empfehle Ihnen zum Laufen zweimal pro Woche Krafttraining. Männermuskeln reagieren darauf, als hätten sie ein spezielles Brennöfchen. 30 Minuten Training reichen – Sie können an einem Tag die Muskeln von Oberkörper, Armen, Bauch trainieren, am anderen Tag die von Po, Oberschenkeln und Waden. Krafttraining ist die schnellste Methode, Fett in Muskel umzuwandeln. Muskeln verbrauchen an sich schon mehr Energie (Kalorien) als Fett, und für Menschen über 50 ist das eben wichtig. Ich denke, das könnte der entscheidende Anstoß für Ihren Stoffwechsel sein. Alles, was ich an guter, anatomischer Haltung hier beschreibe, können Sie im Kraftraum an den Geräten anwenden: die Aufspannung der Wirbelsäule, das richtige Setzen der Schultern, die Beckenbewegungen. Erstens sind Sie so vor Verletzungen sicher, zweitens kriegen Sie lange Muskeln, keine Horizontalpakete, drittens liebt Sie Ihre Anatomie dafür.

Ilka:

Ich habe schon oft versucht, einen Einstieg ins Laufen zu bekommen. Doch je öfter ich trainiere, desto weniger schaffe ich. Es macht mir außerdem Schwierigkeiten, im Freien zu laufen, wo ich kein bestimmtes Ziel vor Augen habe. Was kann ich dagegen tun?

Benita Cantieni:

Tja, die Selbstmotivation. Setzen Sie sich Kurzziele: Bis zu dem Baum dort vorn. Bis zum Weiher. Bis zur Wiese. Bis zur Kurve. Und am Ziel verlängern Sie wieder. Oder setzen Sie sich Zeitziele. 30 Minuten. 45 Minuten. Oder spielen Sie mit der Bewegungsperfektion. Zehn Minuten dem Atem zuhören. Zehn Minuten die Beckenrotation perfektionieren. Zehn Minuten die Schulterblätter am Rücken festzurren. Zehn Minuten die Füße perfekt abrollen. Wie Kurz-Mantras. Oder versuchen Sie sich an Meditation, autogenem Training. Wenn Sie es können, können Sie es beim Laufen einsetzen. Wenn alles nichts nützt, suchen Sie sich eine Sportart, die Ihnen Freude macht, bei der Sie die Zeit vergessen. Wie Sie leicht laufen, also so laufen, dass Sie den Körper vergessen und die Gedanken fliegen können, das ist Gegenstand dieses Buches. Halt einfach nicht beim ersten Unterkapitel zu lesen aufhören ...

Maya:

Mir fehlt es häufig an Motivation. Ich nehme mir vor zu laufen und lasse es dann doch sein. Wie kann ich mich stärker motivieren?

Benita Cantieni:

Es geht jedem so, und jeder muss seine eigene Strategie finden. (Vielleicht gibt es deshalb so viele Teamspiele. Da muss man mitmachen und sich an die Regeln halten, sonst macht man sich selbst keine Freude, geschweige denn der Mannschaft.) Ein paar Inspirationen: Führen Sie ein Lauftagebuch, schreiben Sie nach dem Laufen hinein, wie gut Sie sich fühlen. Das können Sie dann lesen, wenn es Ihnen stinkt. Formulieren Sie Ziele, warum Sie laufen. Was wollen Sie durch das Laufen erreichen? Notieren Sie Ihre Erfolge und auch die Verbesserungen. Suchen Sie sich einen Laufpartner. Gehen Sie immer zur gleichen Zeit laufen, am besten gleich morgens nach dem Aufstehen. Da ist der Widerstand noch nicht so groß. Geben Sie dem Laufen einen fixen Platz in Ihrem Leben. Meist reicht es, wenn Sie sich einfach einen Ruck geben oder sich meinetwegen anfangs zwingen. Die Freude kommt dann mit den ersten Schritten. Wenn Sie sich allerdings ständig zwingen müssen, ist Laufen eben nichts für Sie. Suchen Sie sich einen Sport, der Ihnen Spaß macht.

Martina:

Ich laufe schon einige Jahre, meist dreimal pro Woche zehn Kilometer. In den Sommerferien bin ich täglich gelaufen und jetzt (wo ich wieder arbeite) laufe ich ca. viermal pro Woche 10 bis 16 Kilometer. Da ich viel am Laptop arbeite und auch sonst fast nicht entspannen kann (Familie und Beruf), ist meine Nackenmuskulatur extrem verspannt und auch schon verkürzt. Ich habe den Eindruck, dass es durch das intensive Laufen schlimmer geworden ist, obwohl ich mich bemühe, die Schultern nicht hochzuziehen. Was kann ich besser machen?

Benita Cantieni:

Wenn Sie die ganze Wirbelsäule aufspannen, in ein kräftiges, geschmeidiges Muskelnetz einpacken, so kann sich auch der Nacken dehnen. Punktuelle Übungen nur an Hals und Halswirbelsäule bringen nach meiner Erfahrung wenig bis nichts. Der Nacken verkrampft sich ja nicht grundlos. Er kompensiert etwas, vielleicht verkürzte Muskeln im Kreuz, vielleicht einen runden Rücken mit verkürzten Muskeln über dem Brustkorb ... also Beckenboden rein, Steißbein nach unten, Kronenpunkt nach oben, Brustbein in beide Richtungen, Rippen entspannen, Schulterdach von Oberarmkugel befreien, dann die Schultern nach außen unten lösen, die Schulterblätter am Rücken nach unten ziehen ... und Ihr Nacken ist frei. Das war die Schnellanleitung für die Entspannung des Nackens. Sie können es ab sofort einfach mal ausprobieren.

3

Bewegung beginnt im Kopf

Was glauben Sie?

Irgendwann nistete sich ein Glaubenssatz in unseren Köpfen ein. Und der heißt: Bewegung muss anstrengend sein, Bewegung muss hergestellt werden. Seither werfen die Menschen – jedenfalls die so genannten zivilisierten – den Körper vorwärts.

Mit viiiiiiiiiel Anstrengung. Mit viel mehr Aufwand, als eigentlich nötig wäre.

> Denn Bewegung ist systemimmanent.
> Körperimmanent.
> Bewegung ist naturgegeben.
> Bewegung steckt im Körper.
> Menschsein IST Bewegung. Bewegung IST Therapie.

Wir Menschen können noch dazu auf das Erbe der ganzen kreatürlichen Evolution zurückgreifen. Wir haben die Bewegung der Qualle und der Kröte, des Regenwurms und der Königskobra, des Bären und des Tigers im Zellgedächtnis. Überlagert von der vergleichsweise jungen menschlichen Errungenschaft des aufrechten Gangs. Und leider auch überlagert von künstlichen Glaubenssätzen, Urteilen, intellektuellen Konstrukten.

Bewegung steckt ganz natürlich einfach in jedem Menschen.

Praktisch erklärt

▶ Wer die Idee im Kopf hat, er oder sie müsse die Beine nach vorne werfen, um vorwärts zu kommen, der kriegt tolle Muskeln am vorderen Oberschenkel – und früher oder später Knieprobleme, weil er bei jedem Schritt das ganze Gewicht in die Knie wirft. Jeder Schritt verstärkt die Schwerkraft.

▶ Wer die Idee im Kopf hat, es sei der Oberkörper vorwärts zu werfen, um vom Fleck zu kommen, betreibt sehr viel Aufwand für einen sehr geringen Erfolg. Und kriegt früher oder später Probleme im Kreuz und in den Schultern. Jeder Schritt verstärkt die Schwerkraft.

▶ Wer die Idee im Kopf hat, die Füße würden ihn vorwärts tragen, der streckt das Bein bei jedem Schritt und landet hart auf der Ferse. Hier winken als Lohn der Fersensporn, Probleme mit der Achillessehne. Unökonomisch, das ist auch dieses Laufprogramm. Jeder Schritt verstärkt ... Sie wissen schon ...

Die Schmerzen im Kreuz haben ihren Ursprung im Kopf. Die im Knie auch.

- Wer die Idee im Kopf hat, es sei das Becken vorzuschieben oder gar zu kippen, um in Bewegung zu kommen, der ruiniert sich die Hüftgelenke und klagt über Schmerzen »im Kreuz«.
- Wer die Idee hat, er müsse das ganze Gewicht vom Boden heben, nach vorwärts hieven und dann wieder landen, ist nach zehn Minuten k.o. Er hält sich für zu schwer, unfit oder laufdumm. Dabei ist's nur die Schwerkraft.

Laufen Sie fünf Minuten, und nehmen Sie wahr, wie sich Ihr Körper bewegt, besser: wie Ihr Kopf Ihren Körper bewegt.

Lehnen Sie beim Laufen Ihren Oberkörper deutlich nach vorne?
Laufen Ihre Beine dem Körper weit voraus?
Kippt Ihr Kopf nach vorne? Oder nach hinten?
Hebt und senkt sich bei jedem Schritt Ihr ganzer Körper?
Wippt Ihr Becken?
Verdrehen Sie Ihre Hüften?
Landen Sie mit ausgestrecktem Bein, durchgedrücktem Knie hart auf der Ferse?
Haben Sie sich den derzeit so geläufigen Ballengang angewöhnt?
Laufen Sie leicht?
Fühlen Sie sich beim Laufen schwer?
Seitenstechen?
Muskelspannungen?
Schmerz, irgendwo?

Einfach nur wahrnehmen, was ist.

Es gibt eine Alternative. Die hat der Mensch millionenfach umgesetzt: Die Fliehkraft ausnutzen, wie beim Förderband, bei der Dampflok, beim Wasserrad, bei allem, was sich auf Rädern vorwärts bewegt. Die systemimmanente Kettenreaktion bewirkt das Bewegungsmoment. Die Schwerkraft ist entmachtet.

Die Bewegung des menschlichen Körpers entsteht in einem Gelenk, wird von den Muskeln aufgenommen und in Windeseile zu den anderen Gelenken geleitet. Diese übernehmen den Impuls, es entsteht Schwung, Schwung trägt vorwärts. Als Auslöser dieser Kettenreaktion geeignet sind das Becken und das Knie. Die Richtung: gegen die Schwerkraft. Also immer weg vom Boden. Das ist die Fliehkraft.

Die Fliehkraft spüren

Gleich mal ein Pröbchen, versprechen Sie mir, dass Sie nicht ungeduldig aufgeben, wenn es beim ersten Versuch nicht klappt.
Sie lesen gerade in diesem Buch, wahrscheinlich im Sitzen.

- Schieben Sie den Stuhl ein bisschen zurück und rutschen Sie an den vorderen Rand.
- Füße hüftweit auseinander stellen, Fersen sind bis zu den Zehen ganz entspannt.
- Die Knie – Achtung, es geht um die Beinachse! – stehen genau über dem Fuß und vor den Hüften.
- Richten Sie sich so aus, dass Sie auf den Sitzbeinhöckern balancieren, nicht dahinter, nicht davor.
- Kopf hoch, Schultern entspannen (nach hinten, unten), Hände auf

Entmachten Sie doch einfach die Schwerkraft! Die Fliehkraft wartet auf Sie.

die Oberschenkel – na ja, zum Blättern darf die eine Hand natürlich zum Buch.

- Jetzt stellen Sie sich vor, Sie ziehen mit der rechten Kniescheibe einen kleinen Kreis rückwärts, also in Gegenrichtung zur Schwerkraft.
- Machen Sie den Kreis, ohne an Ihrer Position etwas zu verändern.
- Ihre Füße bleiben, wie sie sind. Sie bleiben auf Ihren Sitzhöckern sitzen.
- Dann macht die linke Kniescheibe einen kleinen Kreis rückwärts. Zum Becken hin. Es gibt nur eine Kniescheibendrehung, die ganz leicht und fast von selbst geschieht, und die ist es.
- Die Rechte, die Linke.
- Immer wieder. Bis Sie genau spüren, was geschieht: Die Muskeln setzen den Oberschenkel in Bewegung – zugegeben, es ist eine kleine Bewegung, und das ist gut so, denn nur diese kleine Bewegung kann im Alltag wirtschaftlich sein. Der Oberschenkel setzt die eine Beckenhälfte in Bewegung, die Hüftpfanne macht dem Oberschenkelkopf Platz.

Förderbandprinzip. Ganz simpel, ganz einfach. Mit der Fliehkraft.

Sie können »das neue Laufen« im Sitzen üben; so haben Sie keinerlei Belastung auf den Gelenken und können sich ganz auf die Rotation konzentrieren.

Nichts an dieser Bewegung geht auf Kosten von etwas anderem, im Gegenteil, bei jeder dieser »Raddampferbewegungen« arbeiten die einzelnen Teile der Gelenke zusammen, es bleibt ein Gelenkspalt.

- Bedeutet für das Knie: Oberschenkel knallt nicht auf Unterschenkel (Schwerkraft) und auch nicht an die Kniescheibe. Die Knorpel werden nicht gequetscht.

▶ Bedeutet für die Hüftgelenke: Oberschenkelkopf reibt sich nicht an der Pfanne, sondern Kopf und Pfanne geben sich automatisch den Raum, den sie brauchen.

▶ Bedeutet für das Becken: Es rotiert in zwei Hälften um die eigene Achse, die Kreuzbeingelenke und ihre straffen Bänder werden (bleiben) geschmeidig, die untersten Lendenwirbel werden nicht zusammengestaucht, im Gegenteil, sie kriegen bei jedem Schritt mehr Raum. Schwerkraft ist aufgehoben.

Die erste Begegnung mit dem neuen Laufen. Hier ist sie.

Dieses Bewegungsmuster erzeugt Resonanz auf der Körpervertikalen bis in die Zehen und bis zum Scheitel, setzt sich fort vom Becken zum Knie, zum Sprunggelenk, zum Fuß. Vom Becken zum Rücken, zu den Schultern, den Armen, zum Kopf.

Evolutionäres Rätselraten

Ich habe viele Jahre an diesen »neuen« Bewegungsprinzipien herumgeforscht. Seit geraumer Zeit sind sie auch fester Bestandteil der CANTIENICA®-Methode.

Da stehe ich jeweils in meinem kleinen Studio, vor mir sitzt oder liegt oder steht die Frau, der Mann, lässt die Beckenhälften geschmeidig und weich wie eine Bauchtänzerin kreisen und fragt: »Wieso kam ich da nicht alleine drauf? Wieso kann ich das nicht einfach von Natur aus? Habe ich das verlernt oder konnte ich es nie?«

Gute Bewegung erzeugt Resonanz von der Sohle bis zum Scheitel.

Ich kenne die Antwort nicht. Ich kann nur ein paar Vermutungen anstellen.

Wir stecken schon zu lange in steifen Schuhen.

Gehen auf harten Pflastern.

Haben mit dem Newtonschen Denken den Glauben an die Schwerkraft verinnerlicht.

Irgendwann, als der Intellekt mit allerlei Moden und den entsprechenden Verkrüppelungen wie Schnabel-Stöckel- und anderen Schuhen den Körper unter Kontrolle nahm, kam dem Körper die natürliche Bewegungsintelligenz abhanden.

Ab da war es einfach: Kinder lernen vor allem durch Imitation. Noch mal: Kinder lernen vor allem durch Imitation. Dann sagt der Sohn, der Rundrücken liege eben in der Familie, sei folglich in den Genen angelegt, der ältere Bruder habe ihn und der Vater und der Großvater. Niemand kommt mit Hohlkreuz oder Rundrücken oder verspannten Schultern oder deformierten Füßen oder X-Beinen oder O-Beinen zur Welt. All das eignen wir uns an, ahmen nach, imitieren, erst die Eltern, später die Vorbilder. »Ich kann doch nicht so aufrecht sitzen«, sagt meine 18-jährige Nichte, »wenn alle anderen im Stuhl fläzen! Da werde ich doch dumm angeschaut.«

Kinder übernehmen, was sie sehen. Machen das junge Känguru und das Fohlen und der Hase auch, nur stecken da die Muttertiere nicht in Riemchensandaletten ...

Ihre natürliche Bewegungsintelligenz? Die ist nur verschüttet, nicht verloren.

Jedenfalls orientieren sich die Mädchen in der Regel – Ausnahmen gibt es natürlich immer – an den Müttern, die Jungs an den Vätern. Macht Mama X-Beine, ahmt Töchterchen diese mit fast 100-prozentiger Sicherheit nach, und beide glauben, es liege eben in den Genen, sei »angeboren«, wenn sie dann eines Tages die gleichen deformierten Füße haben.

Beim allerersten Gehversuch greift das Kleinkind auf die älteren Bewegungsmuster auf der Festplatte zurück, erinnert sich an die kreatürliche Fortbewegung, es tappst auf den Ballen (ich sage jetzt halt: wie ein Tigerjunges). Erst mit dem Gehen aktivieren sich die neuen Eingaben zum aufrechten Gang, die im jungen Teil des Gehirns gespeichert sind. Das Kind beginnt den ganzen Fuß zu nutzen, es gewinnt Gleichgewicht. Diese Unabhängigkeit behält es vielleicht ein paar Monate, maximal zwei Jahre, dann gewinnt die Imitation Oberhand.

Wer meine Beckenbodenbücher kennt, kennt auch die Theorie: Der aufrechte Gang ist eine junge Errungenschaft. Die Beckenbodenmuskulatur gehört zum aufrechten Gang des Menschen, denn durch die Aufrichtung musste aus der Bauchwand ein tragfähiges muskuläres Zwischenstockwerk im Hochhaus Mensch entstehen, eine Art Bauchboden.

Auf zwei Beinen gehen und den Beckenboden einsetzen gehören zusammen. Wenn ein Kind die ersten Gehversuche macht, findet es Zugang zur Beckenbodenmuskulatur. Deshalb kann ein Kleinkind mit einem Topf nichts anfangen, bevor es die ersten Gehversuche gemacht hat.

Der aufrechte Gang ist eine großartige Errungenschaft, aaaaber …

Laufen ohne Schwerkraft in der Fliehkraft, alle Gelenke arbeiten in einer Kettenrotation zusammen. Torso aufgerichtet, Kopf hoch, Becken stabil, kleine Schritte mit der Tiefenmuskulatur – so läuft es sich leicht und körperfreundlich.

Feedback von Konrad:

Mit 35 Jahren sagte mir mein behandelnder Arzt: »Junger Mann, mit diesen Schmerzen müssen Sie leben«, als ich mit wiederholten Ischialgien zu ihm kam. Aufgrund falscher Belastung der Wirbelsäule, von Büroarbeit und leichtem Übergewicht wurde die Ursache in abgenutzten Bandscheiben gesehen. Mit 50 Jahren habe ich durch Gymnastik, u.a. auch angeregt durch Ihr Rückenprogramm, und aktiv betriebenen Reitsport die Wirbelsäule so weit trainiert, dass ich schmerzfrei lebe. Joggen möchte ich durch Ihr neues Buch so weit qualifizieren, dass ich noch lange laufen kann, ohne die Kniegelenke zu ruinieren.

Marion:

Ich laufe seit ca. einem Jahr, obwohl ich nach zwei Geburten eine starke Gebärmuttersenkung habe und mein Beckenboden sehr schwach ist. Welche Übungen empfehlen Sie mir? Ist Trampolinspringen gut für den Beckenboden?

Benita Cantieni:

Ohne Beckenboden ist Trampolinspringen für Ihre Gebärmutter hoch gefährlich! Sie schütteln sie direkt unten raus! Alle meine Beckenbodenübungen sind ultraeffektiv, und wenn Sie Ihre Gebärmutter wieder an ihren Platz bringen wollen, müssen Sie den Levator ani fest in Ihren Alltag einbauen. Wenn Sie alle Übungen in diesem Buch umsetzen und in Ihr Lauftraining einbauen, wird jeder einzelne Schritt zum effizienten Beckenbodentraining. Jeder Schritt ohne Beckenboden schadet demnach Ihrer Gebärmutter (und allen anderen Organen, der Uterus erschlafft ja nicht allein). Laufen Sie am Anfang immer nur so weit, wie Ihr Beckenboden mitmacht. Wenn das beim ersten Mal zehn Schritte sind, sind es beim zweiten Mal 20, dann 40 – in drei Wochen laufen Sie 45 Minuten mit voll eingesetzter Beckenbodenmuskulatur. Kleine Häppchen mehrmals täglich summieren sich ja auch zum Workout.

Uta:

Ich habe ca. 30 Kilo Übergewicht. Kann ich trotzdem anfangen zu laufen, oder ist die Belastung für die Gelenke zu groß?

Benita Cantieni:

Wenn Ihr Arzt nichts dagegen hat und Sie die Gelenke so trainieren, wie ich es hier beschreibe, und beim Laufen auch so einsetzen, können Sie bedenkenlos Ihrem Gewicht davonlaufen. Bewegung mit der Fliehkraft nimmt das Gewicht von den Gelenken. Ich entspreche selbst nicht dem magersüchtigen Schönheitsideal und spüre beim Laufen nichts von meinen Kilos. Laufen Sie immer nur so lange, wie der »neue« Beckenboden und die Tiefenmuskulatur Sie tragen. Gönnen Sie sich einen richtig guten Stütz-BH und eine fest sitzende Stretchhose.

Iris:

Meine Kniescheiben haben die Veranlagung herauszuspringen. Wenn ich nicht bald den Muskel innen am Knie effektiv trainiere, droht mir eine OP. Ich habe es schon öfter mit Laufen probiert. Hat aber nie geklappt. Ich habe es sogar schon mit lauferfahrenen Bekannten probiert. Die meinten, dass bei mir Hopfen und Malz verloren sei. Ich würde den Fuß völlig verkehrt aufsetzen. Außer an meinen Knieproblemen leide ich an einem Rundrücken und Übergewicht. Ich wiege 95 Kilo bei 1,70 Meter. Mein Beckenboden ist aber ganz in Ordnung. (Ich bin in der Kindheit viel geritten und habe während der Geburtsvorbereitung auf mein Kind Bauchtanz gemacht.) Mit der Einsteigerformel zwei Minuten Laufen, dann eine Minute Gehen klappt es auch nicht. Zwei Minuten Laufen am Stück sind schon zu viel für meine miserable Kondition. Bitte sagen Sie mir, ob ich überhaupt laufen lernen kann und ob das sinnvoll für mich ist. Kann man durch Laufen die Knie stärken? Ich bin übrigens erst 25 Jahre alt und fühle mich in meinem Körper nicht mehr wohl.

Benita Cantieni:

Reiten und Bauchtanz haben noch nichts mit einem guten Beckenboden zu tun! Wenn der wirklich entwickelt wäre und Sie ihn beim Laufen wirklich einsetzten, hätten Sie weder einen Rundrücken noch Knieprobleme. Also: den echten Beckenboden kennen lernen, die Beinachse trainieren, die gesamte Skelettmuskulatur rund ums Knie kräftigen – und dann wird das was. Sie müssen einfach den Mut haben, unbefangen an die Sache heranzugehen. Alles, was Sie wissen müssen, steht in diesem Buch. Für den Rundrücken kann Ihnen CANTIENICA® – Das Rückenprogramm wertvolle Übungen für den Alltag zeigen. Zum Einsteigen: immer nur so lange laufen, wie Sie den Beckenboden aktiviert und den Mund geschlossen halten können. Sie schaffen das!

4

Installation der neuen Software

Alles nur Gewohnheit …

… aber Gewohnheit ist nicht alles. Programmieren Sie Ihre Haltungs- und Bewegungsmuster doch einfach um. Es gibt Erlebnisse, die prägen sich tief ein. So ein Erlebnis fand im Frühjahr 1993 statt. Ich traf Christian Larsen zum ersten Mal, den Mitbegründer der Spiraldynamik International. Wir unterhielten uns über anatomische Konzepte, und er sprach den folgenschweren Satz: »Was, wenn du deine Skoliose nicht hast, sondern machst?«

Eine krumme Wirbelsäule zieht immer auch Becken, Brustkasten und Kiefer krumm, und so hatte ich seit meinem 25. Lebensjahr eine Hüftgelenkarthrose, sozusagen als Folgeschaden der Skoliose. Ich bekam Bauchweh vor Aufregung. Wenn ich meine Skoliose nicht als Schicksal betrachten musste, auch nicht als ungeliebtes Familienerbe, wenn ich diese Skoliose selbst machte, aus was für Gründen auch immer, dann ... ja dann ... konnte ich diese Skoliose doch »un-machen«.

Skoliose heißt es im Fachjargon, wenn die Wirbelsäule krumm wächst, als wollte sie sich um die eigene Achse drehen.

Ich beschloss, mich mit meiner Skoliose anzufreunden. Mit ihr zu reden. Auf sie zu hören. Sie erzählte mir spannende Sachen von Leistungsdruck und körperlichen Übergriffen in der Kindheit, sie erzählte mir, es sei damals ein guter Einfall gewesen, mich zu krümmen, physisch dem Druck nachzugeben, dafür den Geist und die Seele nicht zusammenzustauchen. Sie sagte mir aber auch, dass sie mittlerweile nur noch eine Gewohnheit sei, längst keine Notwendigkeit mehr. Als wir uns ausgesprochen hatten, beschlossen wir, dass ich die Skoliose nicht mehr brauche. Wir gaben eine Abschiedsparty, und von der Stunde an arbeitete ich an der Begradigung meiner Wirbelsäule.

Wenn ich Ihnen also vorschlage, dass Sie Ihre krummen Beine, den runden Rücken, die verformten Füße, die schief stehenden Hüften nicht haben, sondern machen, ist das keinerlei Schuldzuweisung, sondern der Hinweis auf eine Freiheit, von der Ihnen einfach noch kein Christian Larsen erzählt hat. Dafür können Sie schließlich nichts. Jetzt wissen Sie's. Jetzt ist es Ihre Entscheidung.

Gewohnheiten sind sehr schwer zu verändern.

- Gewohnheiten sind wie kuschelige Pantoffeln. Vertraut. Eingebeult und ausgewuchtet.
- Gewohnheiten sind gemütlich.
- Gewohnheiten laufen so herrlich automatisch ab.
- Gewohnheiten sind bequem.
- Gewohnheiten sind aber auch verflixt anhänglich.
- Gewohnheiten können sich zu engsten Feinden entwickeln.

Das ist so. Das müssen Sie wissen. Und Sie müssen sich im Voraus Absolution erteilen. Sie dürfen so oft ins alte Muster zurückfallen, wie Sie wollen, wenn Sie nur dranbleiben am neuen Muster. Eines Tages wird es greifen, wie die Zähne des Rads, und dann wird das neue Haltungsmuster zur Gewohnheit. Sie werden sich gar nicht mehr vorstellen können, wie Sie früher mit krummem Rücken, rundem Rücken, hohlem Rücken, ausgedrehtem Knie, eingedrehtem Knie, eingezogenen Schultern, hochgezogenen Schultern, abgeknicktem Fuß, Hohlfuß, Senkfuß, Spreizfuß, Plattfuß leben konnten. Mit durchhängendem Beckenboden und schmerzendem Kreuz. Bis dahin ist das, was ich Ihnen hier vorschlage, harte Arbeit.

Ich meine: harte Arbeit. Aber zu bewältigen. 21 ist eine magische Zahl. Wer 21 Tage am neuen Muster arbeitet, hat es drin. Drei Wochen, was ist das schon. Es gibt Glückliche, die erfahren bei den ersten Versuchen so viel Schmerzlinderung, dass es ihnen ganz leicht fällt, die neue Software auf ihrer Festplatte abzuspeichern.

Aber auch für diese Glücklichen ist es harte Arbeit. Werden Gewohnheiten aufgegeben, entsteht erst mal eine Leere, und die kann Angst machen. Veränderungen können Schmerzen verursachen, ich wünschte mir manches Mal die guten, alten, vertrauten Wehwehs zurück, wenn ich bei Neuweh nicht so recht wusste, ob es ein Hilfeschrei des Körpers sei oder ein Wegweiserweh. Mit der Zeit lernte ich den Neuschmerz kennen, er kommt schnell und geht schnell, und er ist immer vertikal, Pfuischmerzen verlaufen dagegen fast immer horizontal.

Nehmen Sie sich fest vor, nicht mehr zu leiden.

Akzeptieren Sie Schmerz nur als kurze Durchgangsstation, als Beweis, dass in Ihrem Körper, in Ihrer Haltung Veränderungen geschehen. Und lassen Sie zu, dass es LEICHT geht. Menschsein ist LEICHT. Körpersein ist LEICHT. Bewegung ist LEICHT. Von Anfang an. Da muss ich noch eine Initialzündung von Christian Larsen zitieren: »Gute Bewegung ist immer ökonomisch und schön.« Alles, was ich Ihnen in diesem Buch vorschlage, ist leicht einzunehmen, alle Bewegungen sind ökonomisch, also wenig Aufwand für das beste Resultat, alle Bewegungen sind schön, von innen heraus und von außen beim Hinschauen.

Wehwehs können Wegweiser sein, Reiseleiter auf dem Weg von Schmerz oder Krampf zu Bewegungsfreude und Leichtigkeit. Entwicklungsschmerz ist Muskelschmerz, der in die Länge zieht, der sich verändert, der höchstens zwei Tage bleibt, der besser bis gut wird, sobald Sie die Übungen wiederholen, die den Schmerz ausgelöst haben. Wohlschmerz ist Schmerz, der in der neuen, guten Haltung erträglich ist und unerträglich wird, sobald Sie ins alte Muster zurückfallen.

Das können Sie falsch machen: zu viel.
Zu viel Druck in die leisen Bewegungen legen.
Zu viel Anstrengung.
Zu viel Bewegung.

Die Grundsätze – natürlich, schön, leicht

Die wichtigste Regel der neuen Software klingt nach dem gerade Geschriebenen leicht paradox, stimmt aber dennoch: So selbstverständlich schön wie die Haltung der Rose. Und die des Rotkehlchens, das grad auf meiner Balkonbrüstung zwitschert. So schön wie der Gang der Katze und die Bewegung der Forelle.

Schönheit und Leichtigkeit sind die Natur des Menschen. Wer sie in die Wiege bekommt und ihr Sorge trägt und sie behält, hat's gut. Wer sie verliert, muss sie zurückerobern. Jede neue Übung muss durch diesen TÜV: Ist die Bewegung natürlich, also leicht herzustellen, angenehm aus der inneren Empfindung und schön anzusehen.

Wenn Sie zur Fraktion der Krampfer gehören, überzeugt sind von all dem kulturellen Schmonzes, der besagt, es gebe ohne Fleiß keinen Preis, dann werden Sie es am Anfang sehr schwer haben mit meinen Vorschlägen. Denn Sie können nur eines falsch machen: zu viel.

Ich rate Ihnen: Geben Sie sich einen inneren Schubs. Machen Sie sich träge und faul an die Sache, wie ein satter Löwe. Nehmen Sie sich vor, nur das zu machen, was da steht. Kein bisschen mehr. Geben Sie sich mit wenig zufrieden, das Richtige reicht …

Die Glocken des Big Ben läuten erst, wenn sich alles zusammenfügt zum lustvollsten Laufen Ihres Lebens (oder Radeln oder Skaten oder Surfen oder Golfen oder Tanzen oder …). Und denken Sie immer an die Grundsätze: natürlich, schön, leicht, ökonomisch.

Evi:

Stimmt es, dass ich mit meinem nicht ganz unerheblichen Übergewicht lieber nicht laufen soll, wie alle sagen, obwohl ich es doch so gerne tue und es mir psychisch so gut tut?

Benita Cantieni:

Verstehe ich sehr gut, dass Sie weiterlaufen möchten – und Sie sollen es auch tun, umso mehr, da Laufen eine prima Gewichtskontrolle ist und außerdem den Stoffwechsel ankurbelt!
Die Aufspannung der Knochen mit Hilfe der Tiefenmuskulatur halbiert Ihr Gewicht in Bewegung statt es zu verdoppeln, wie es beim »Schwerkraftlaufen« geschieht.

Christiane:

Ich laufe seit etwa einem Jahr regelmäßig. Seit kurzem tue ich das im Olympiapark in München, und da gibt es doch so einige Steigungen.
Nun habe ich festgestellt, dass sich meine Unterschenkel zusehends mit Muskelkraft füllen und somit meine Beine für meinen Geschmack weniger feminin aussehen. Wissen Sie einen guten Rat? Was mache ich falsch?

Benita Cantieni:

Wenn Ihre Waden rundum kräftig sind, nicht etwa einseitig innen oder außen (das würde von einer Fehlbelastung der Füße herrühren), legen Sie viel zu viel Kraft hinein. Vergessen Sie die Distanz, definieren Sie Ihre Laufleistung nicht über die zurückgelegte Strecke. Laufen Sie bergauf fast auf der Stelle – es kommt nur auf die Bewegung an – also: Kopf hoch, Steißbein runter, kleinste Schritte, Oberkörper über dem Becken und über den Beinen halten – und schon laufen Sie schlank.
Viele meinen, eine Steigung sei möglichst schnell zu überwinden. Ist dem Berg vollkommen wurscht, Ihren Waden aber gar nicht.
Also: weiterlesen, Technik lernen und langsam, langsam, langsam bergauf, wobei sich das Langsam nur auf die Zeit bezieht, in der Sie die Strecke zurücklegen – Sie machen bei dieser Art zu laufen viel mehr Schritte, mit allem, was dazugehört …
Gut dehnen ist für schöne Waden wichtig. Falls Sie nicht in die modischen kniehohen Stiefel passen, liegt das nicht etwa an Ihren Waden, sondern an den bescheuert engen Stiefeln: Wer Sport macht, kriegt nun mal Muskeln, und das eben auch an den Waden.

Feedback von Gardi:

Liebe Benita, dank Ihnen bin ich die ersten 15 Minuten in meinem Leben gelaufen!!! Und sitze jetzt schwitzend vor dem Computer und staune. Denn bis vor 15 Minuten hatte ich eine regelrechte Abwehr gegen Läufer und das Laufen an und für sich.

Ich bewege mich viel, turne öfter und gehe und wandere gern, aber laufen – brrrr, war mir immer zuwider. Laufen schüttelte mich in unangenehmer Weise innen durcheinander. Alle Versuche scheiterten nach drei Minuten. Diejenigen, die mir jeweils davonliefen, verachtete ich.

Gestern habe ich die ersten neun Kapitel von »Laufen Sie mit« gelesen, und was mich beeindruckte, waren nicht so sehr die Details, sondern der frische Geist, der darin herrscht. Aus Pflicht wird Lust, wunderbar! Und so dachte ich heute, das muss ich probieren. Auch wenn ich erst wenige Kapitel kenne. Ich bin also los, und nach fünf Minuten schrie mein Körper: Anhalten! Aufhören! Bist du wahnsinnig!! Und da dachte ich, dass Sie, Benita, mit 56 pfiffige 90 Minuten laufen, und ich bin ja noch so viel jünger, erst 48. Das hat mich dann schon gewürgt und mich die erste Krise überstehen lassen. (Jeder kann doch die Motive nehmen, die ihm gerade passen, oder? Auch wenn sie nicht sehr nobel sind!)

Ich muss auch noch sagen, ich bin erst seit drei Tagen schmerzfrei einer einwöchigen Ischiasklemme entkommen, und umso mehr erstaunt mich, dass mein Körper das Laufen mitgemacht hat. Und zwar schwerelos.

Ich sah mich ohne Krampf, ruhig, gelassen, und meine Beine führten mich ein bisschen spazieren. Ich atmete und lächelte. Ja, ich bin baff! Ich werde morgen wieder gehen und bin sehr neugierig, wie meine Physik reagieren wird. Danke erstmal für den guten Schubs!

Benita Cantieni:

Liebe Gardi: Wenn Sie jetzt auch noch die anatomischen Details berücksichtigen, wird Sie Ihr Ischiasnerv NIE MEHR in die Zange nehmen!

Christine:

Ich weiß zwar, dass Folgendes nicht das vorrangige Thema ist. Aber könnten Sie mir verraten, wie und welche Fortschritte Sie bei der Begradigung Ihrer Wirbelsäule erzielt haben? Ich leide auch an Skoliose und bin auch seit geraumer Zeit der Überzeugung, dass man diese

»macht« und nicht »hat«. Welches Ihrer Programme ist bei Skoliose besonders empfehlenswert?

Benita Cantieni:

Liebe Christine: Skoliose? Welche Skoliose?... Sie ist weg.

Schultern gerade, Becken gerade, Wirbelsäule gerade. Das dauerte vier Jahre, ich musste ja zunächst immer forschen, also nach dem Prinzip »Versuch und Irrtum« arbeiten. Sie können es schneller haben. Wahrscheinlich sind ein paar unmessbare Grade zurückgeblieben; die spüre ich manchmal an meiner rechten Schulter. Auf dem Röntgenbild ist nichts sichtbar. Das geht natürlich nicht, wenn die Wirbelsäule in sich auch noch stark verdreht und der Rücken dadurch bucklig ist. In diesem Fall kann nur eine teilweise Begradigung mit starker Linderung der Beschwerden erreicht werden – und vor allem: dass sich die Wirbelsäule nicht weiter krümmt.

Kristin:

Ich bin jetzt 21 und mache Ihre Übungen seit Jahren. Ich kam also aus dem Spielalter raus, wo man sich ja großteils auch noch instinktiv bewegt, weil man nur tut, worauf der Körper Lust hat, und keinem Bewegungstrend hinterherhechelt, und begann mit Ihren Übungen.

Ernste körperliche Probleme hatte ich noch nie. Ab und zu Verspannungen vom vielen Sitzen während des Studiums. Aber durch Bewegung lässt sich das ja lösen bzw. verhindern.

Ich habe einen Hohlfuß, aber ich denke, da bin ich nun wirklich nicht schuld, der ist einfach da, oder? Mein Papa hat auch Hohlfüße.

Jetzt habe ich mich fürs Joggen begeistert. Das tut so unheimlich gut. Der Ausgleich zum stressigen Studium ist mir sehr wichtig. Habe einige Artikel übers Joggen gelesen, aber nie versucht, mir irgendeine sture Technik anzugewöhnen. Dafür war ich viel zu faul. Ich habe mir einfach die Schuhe angezogen und bin losgelaufen. Ganz ohne darüber nachzudenken, was ich eigentlich tue. Und es ist einfach nur unheimlich schön und befreiend. Über duftende Wiesen und Felder zu laufen und den Vögeln zuzusehen, wie sie frech die Saat stibitzen, während die Bauern mit den Traktoren an ihnen vorbeifahren.

Ich jogge ohne Pulsuhr oder ähnliches technisches Equipment. Ich verlasse mich ganz auf mich selbst und schwebe über die Erde. Alles ist so einfach.

Benita Cantieni:

Wie war das mit dem Hohlfuß und dem Vater? Vielleicht möchten Sie der Sache ja doch noch auf die Schliche kommen. Es gibt Mädchen, die den Vater imitieren – ist er für Sie ein Vorbild?

Cornelia:

Ich habe hier schon sehr interessante Dinge für mich verwerten können, doch zu meiner Problematik konnte ich noch nichts finden: Im ersten Quartal dieses Jahres wurde bei mir ein sehr schmerzhafter Bandscheibenvorfall in der Halswirbelsäule (fünfter/sechster Wirbel) diagnostiziert und dann therapiert, sodass ich seit Mai schmerzfrei bin. Anfang August habe ich den Entschluss gefasst, mit dem Laufen anzufangen. Ich bin 37 Jahre alt und wiege bei 1,70 Meter 89 Kilo. Außerdem habe ich einen recht großen und schweren Busen. Auch wenn ich mir schon gute Sport-BHs zugelegt habe, ist der erhoffte Effekt nicht so richtig eingetreten. Beim Laufen ist doch noch eine ziemliche Wucht zu spüren, die über Hals/Schulter auf- und abwirkt.
Meine Frage: Kann ich unter diesen (körperlichen) Gegebenheiten trotzdem laufen oder ist das für meine Bandscheiben nicht so günstig?

Benita Cantieni:

Wenn Sie das Skelett so in die geschmeidige, aktive Tiefenmuskulatur einbauen, wie ich das in diesem Buch beschreibe, haben Sie zwei Powergürtel – einen am Becken und einen um die Schultern, den Brustkasten. Für Sie ganz wichtig: das Schulterkapitel (siehe Seite 104). Denn erst wenn Sie die Schultern richtig setzen, auch beim Laufen, können die »büstenhaltenden« Muskeln Ihnen etwas Last abnehmen.
Ganz nebenbei lernen Sie, wie Sie den Bandscheibenvorfall provoziert haben und wie es garantiert nie mehr passiert. (HWS 5/6 deutet auf einen Rundrücken hin – und den haben Sie durch die OP ja nicht behoben. Ein Rundrücken zieht immer die Schultern nach vorn hoch, es verkürzen sich und verkümmern die Muskeln der Brust, der Rippen, der Busen kriegt wenig bis keinen Halt.)
Versuchen Sie doch einmal, zwei gute Sport-BHs übereinander anzuziehen. Ich selbst hatte durch eine Hormonbehandlung kurzfristig viiiiiiiel Busen. Und mir hat dieser Doppeltrick damals recht gut geholfen!

5

Aller Anfang heißt Fuß

Ein Rolls-Royce mit zehn Zehen

Das Beste, was Sie für Ihre Füße machen können? Ziehen Sie den Boden unter ihnen weg. Dann erinnern sich die Prachtkerle endlich wieder an alles, was sie eigentlich von Natur aus können.

Bitte besorgen Sie sich drei Luftballons, ja, die ganz gewöhnlichen für den Kindergeburtstag, und ein paar kleine Glasmurmeln. Die Ballons blasen Sie auf Grapefruitgröße auf.

Bis Sie die Zutaten beisammen haben, gibt's eine kleine Lektion Fußanatomie. Er ist nämlich nicht nur dazu da, die Schuhe auszufüllen. Er besteht auch nicht nur aus Knochen, Überbeinen und Hühneraugen. Nein, da sind handfeste Muskeln dran. Es lohnt sich, die zu entdecken und zu entwickeln.

Sehen Sie sich die Illustration der Fußunterseite auf dieser Seite mal genau an. Es gibt zwei wichtige Muskelstränge, einer kommt von der Ferse zur Großzehe und schlingt sich wie ein Schal um die große Zehe. Der andere Kraftprotz verläuft quer von der kleinen zur großen Zehe. Das ist so ein wichtiges Bürschchen und wird so vernachlässigt! Ich sehe in meiner therapeutischen Arbeit kaum je eine schöne Fußsohle mit entwickelter, genutzter Muskulatur. Wenn dieser Muskel nicht für Ihren Fuß arbeitet, senkt sich das Sprunggelenk ab, spreizen sich die Zehen zum gleichnamigen Spreizfuß. Ballenprobleme, Zehengelenkentzündungen, Hallux valgus nehmen hier ihren Anfang.

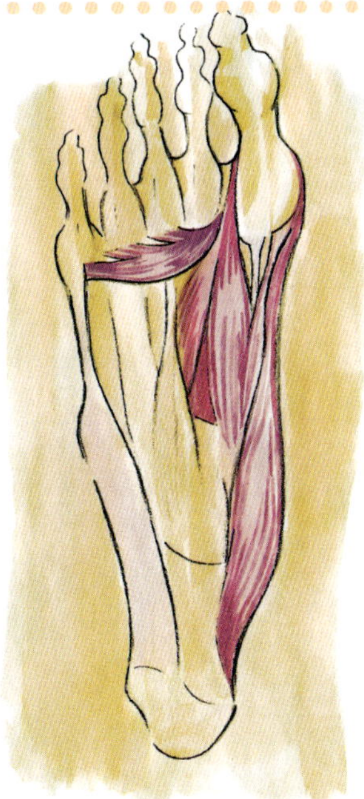

So sieht Ihr Fuß von unten aus: voller wunderbarer Muskeln. Trainieren Sie diese Muskeln sinnvoll, wird Sie Ihr Fuß schmerzfrei 100 Jahre durch 1000 Wälder tragen.

Ob der kleine rote Querfeger im Bild bei Ihnen entwickelt oder lahm ist, können Sie ganz leicht testen: Wenn die Stelle hinter dem Ballen der mittleren Zehe ganz flach ist, oft sogar ein bretthartes centgroßes Inselchen bildet, eventuell mit Hornhaut – erwischt, Ihr Fuß braucht Krafttraining. Bevor ich Ihnen die Fußübungen bieten kann, muss ich ein bisschen ausholen. Sie müssen fürs Fußworkout nämlich anatomisch richtig sitzen: auf den Sitzbeinhöckern. Das sind die Herren der Beckenbodenmuskulatur, und ohne die großflächigen zwei der drei Beckenbodenschichten kriegen Sie keine Kraft in die Füße.

Die Sitzbeinhöcker – wo sie sitzen, wie Sie sitzen

Die Fledermaus mit Flunderkopf auf Seite 41 ist ein (männliches) Becken. Die unteren Spitzen sind die Sitzbeinhöcker.
Die heißen so, weil wir darauf – sitzen. Na ja, sitzen sollten. Denn meistens sitzen die meisten dahinter oder davor – und verschenken ganz viel Kraft.

(a) Wer so sitzt, sitzt sich ein Hohlkreuz. (b) Und so wird der Rücken auf Dauer rund und steif. (c) So ist Sitzen eine Wohltat, die auch noch eine gute Haltung macht.

Modell Hohlkreuz (a)

Wir nennen es den Marilyn-Monroe-Sitz, Hohlkreuz, Brust raus, Köpfchen kokett. Schadet der Wirbelsäule und schneidet Sie von der Muskelzentrale Beckenboden ab.

Modell Rundrücken (b)

Der da hat den Übernamen Buchhalter (Entschuldigung, liebe Buchhalter, ist nicht böse gemeint, ich bin so froh, dass es Sie gibt). Wer chronisch hinter die Sitzbeinhöcker rutscht, kippt das Becken, der

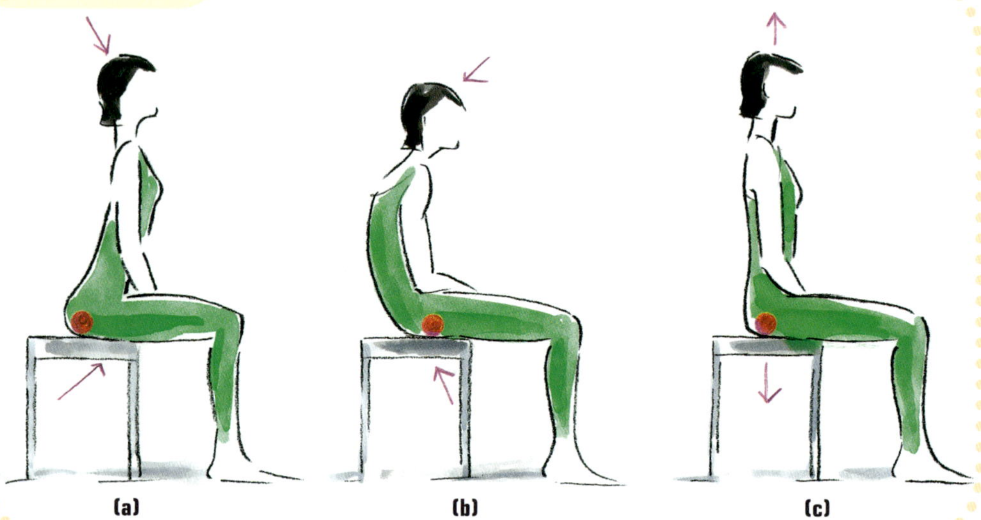

Rücken wird rund. Auch dieser Aussitzer schneidet sich selbst von der Kraft aus der Mitte ab. Und von der Kraft aus dem Rückenmark.

Supermodell (c)

Wer AUF den Sitzbeinhöckern sitzt, hat ganz leichten Zugang zu der Beckenbodenmuskulatur, diese Muskulatur macht nämlich den Puffer zwischen Knochen und Stuhl. Der Rücken kann sich aufrichten, der Bauch gleich auch.
Ist in sich ein ganz tolles Ganzkörpertraining – beim Sitzen.

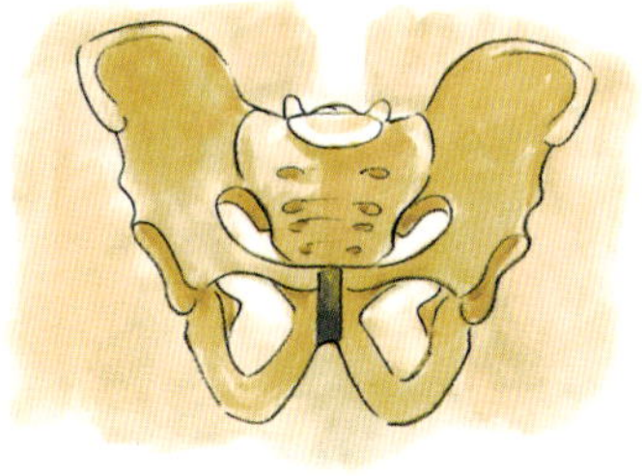

Zwei Standpunkte

Fußübung 1

Jetzt geht's zur Sache.

▶ Setzen Sie sich auf einen Hocker oder Stuhl an den vorderen Rand. Füße hüftweit auseinander.

▶ Richten Sie sich auf den Sitzbeinhöckern aus.

▶ Füße hüftweit auseinander, Murmeln und Ballons in Griffnähe. Die idealen Belastungspunkte für den Fuß:
Mitte bis Außenseite der Ferse und Großzehengrundgelenk. Das ergibt eine dreidimensionale Spannung im Fuß.

Das Becken und die Füße sind verbunden durch die Beine.

▶ Selbstverständlich hat der Fuß auch an der Kleinzehe Bodenkontakt, Sie konzentrieren sich nur nicht darauf, weil dann der Fuß sofort leicht auf die Außenkante kippt.

▶ Wenn Sie das Großzehengrundgelenk in Richtung Ferse ausrichten – bitte wirklich nur ausrichten, nicht etwa bewegen! –, hebt sich das Sprunggelenk.

▶ Setzen Sie die Beckenbodenmuskulatur ein, indem Sie Ihre neuen Bekannten, die Sitzbeinhöcker, zusammenziehen, hebt sich auch automatisch das Sprunggelenk. Sie können diese Spannung auch direkt, ohne Umweg aus dem Beckenboden holen. Dafür gibt es eine schöne Kontaktübung, die Sie machen, bis Sie die Verbindung Fuß – Beckenboden freigelegt haben: Legen Sie je zwei Murmeln genau unter die Punkte, die auf der Illustration unten eingezeichnet sind.

▶ Unterschenkel zu Oberschenkel bilden einen exakten rechten Winkel, der Oberkörper zum Oberschenkel ebenfalls. Und daran ändern Sie nichts, wenn Sie jetzt die Ferse in die Murmel drücken. Kneifen Sie sich in den vorderen Oberschenkel, der MUSS MUSS MUSS entspannt sein, die Kraft kommt aus dem Hosenboden, genau an der Basis des Gesäßes. Was Sie da spüren, ist ein Vorgeschmack auf das Gehen mit Beckenboden.

Genauso wird er in naher Zukunft bei jedem Schritt einseitig mitarbeiten.

Belasten Sie den Fuß immer an den beiden eingezeichneten Punkten.

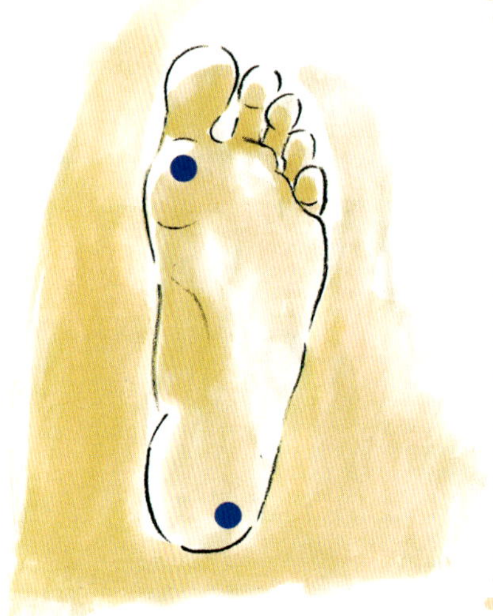

▶ Also, linke Ferse in die Murmel schieben, nein, es muss nicht schmerzen, es soll nur einen Impuls durch das ganze Bein schicken. Rechts, links, rechts, links, zwischendurch mal beide zusammen, spüren Sie, wie sich die Sitzbeinhöcker einander nähern, dann wieder links, wieder rechts.

▶ Sie spüren nichts? Wo stehen die Knie? Auseinander gefallen?

Aneinander gelehnt? Okay, nehmen Sie einen Ballon zwischen die Knie. Nicht zusammendrücken, einfach nur zwischen die Knie setzen.

Wenn Sie reflexartig mit den Knien O-beinig werden, fällt der Ballon runter. Werden Sie X-beinig, kneift er.

▶ Jetzt kommt die Steigerung der Übung aus dem Kapitel »Bewegung beginnt im Kopf« (Seite 20ff.) mit Murmeln: Versuchen Sie, auf den Murmeln mit den Kniescheiben kleine Kreise rückwärts zu zeichnen, wie eine Dampflok, also links, rechts, links, rechts.

Fußübung 2

▶ Steigerung mit Ballon: Murmeln unterm Fuß hervorholen und aufräumen, damit sie nicht dem Kind in den Mund wandern. Jetzt legen Sie die anderen beiden Ballons unter die Füße. Nicht durchdrücken, die Füße sollen auf den Luftkissen »schweben«. Ist beim ersten Versuch ein bisschen wackelig, aber nur beim ersten, geben Sie mit einem Fuß mehr Druck als mit dem anderen, so können Sie Ihr Gleichgewicht halten. Oder machen Sie die Übung an einer Wand (dann müssen Sie auf einem kleinen Hocker sitzen).

▶ Jetzt schieben Sie die rechte Ferse in den Luftballon. Im Normalfall reagiert Ihr Beckenboden sofort darauf, Sie spüren das Sitzbein »wandern«. Die linke. Die rechte. Die linke. Und so weiter. Je öfter, desto besser. Die Augen dabei schließen und wahrnehmen.

Ein bisschen Kraft und Training hat Ihr Fuß verdient – er wird es Ihnen danken!

Das waren die Wahrnehmungsübungen, die machen Sie am Anfang, wenn Sie Ihre Füße entdecken und die Fußkraft wecken wollen. Jetzt kommt das eigentliche Workout für die Füße. Sie brauchen dafür zehn Minuten. »Füßeln« Sie dreimal pro Woche in den nächsten drei Wochen – Sie werden staunen, wie schnell und bereitwillig Ihre Füße anatomisch Gutes lernen!

Workout für die Füße

Übung 1 – fürs Längsgewölbe

Sie richtet das Fersenbein auf, aktiviert das Längsgewölbe, macht das Sprunggelenk geschmeidig und schmiert die kleinen Knöchelchen im Gewölbe.

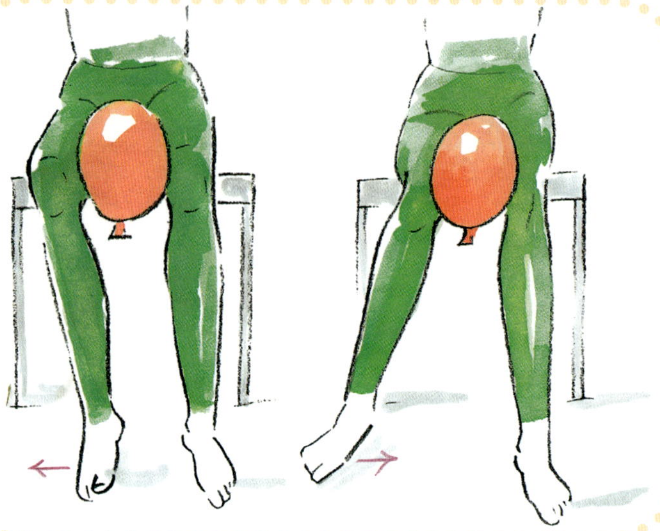

Auf der Fußaußenkante nach außen wischen, auf der Fußinnenkante zurückgleiten. Der Ballon schwebt zwischen den Knien und fällt nicht herunter, wenn Sie die Beckenbodenmuskulatur einsetzen.

- Sie sitzen am vorderen Rand des Stuhls, Füße nackt und hüftweit auseinander. Zwischen den Knien balanciert ein Ballon.
- Jetzt setzen Sie den rechten Fuß auf die Außenkante. Achtung, der Ballon bleibt, wo er ist. Der Kopf ebenfalls, nicht mit dem Oberkörper ausweichen! Das ist im ersten Anlauf schwierig, aber Sie werden gleich spüren, wie das alle Muskeln des Beins und den Beckenboden automatisch beansprucht.

Muskeln sind vernetzt. Von der Sohle bis zum Scheitel und zurück.

Sobald Sie ausweichen, verlieren Sie die halbe Muskelpower.

- Jetzt gleiten Sie auf der Außenkante so weit nach rechts, wie das nur geht, drehen den Fuß auf die Innenkante und gleiten zurück in die Ausgangsposition. Wieder auf die Außenkante, nach außen, Innenkante, nach innen. Zehnmal. Seite wechseln.
- Atmen nicht vergessen. Und lächeln!

Übung 2 – fürs Quergewölbe

Kräftigt den kleinen Quermuskel, den Sie aus dem ersten Abschnitt in diesem Kapitel kennen. »Caput transversum« heißt er in der Fachsprache. Hat aber nichts mit kaputt zu tun, auch wenn der Muskel das sehr oft ist; salopp übersetzt heißt das »muskulärer Querkopf«.

▶ Ausgangsposition wie in Übung 1 beschrieben. Jetzt robben Sie mit den Zehen des rechten Fußes vom Körper weg. Achtung, der Trick ist folgender: Die Ferse bleibt möglichst am Boden kleben, die Zehen ziehen den ganzen Fuß nach vorn. Ist ganz schön anstrengend. Meistens sind fünf bis sieben solche Zehenraupenschrittchen in einem Gang möglich.

▶ Jetzt die Umkehr: Mit den Zehen den ganzen Fuß möglichst nah am Boden zurückschieben. Wenn Sie runterschauen, können Sie sehen, wie das Quergewölbe hinter der zweiten und dritten Zehe bleich wird vor Vergnügen.

▶ Den ganzen Vor- und Rückgang dreimal wiederholen, Seite wechseln.

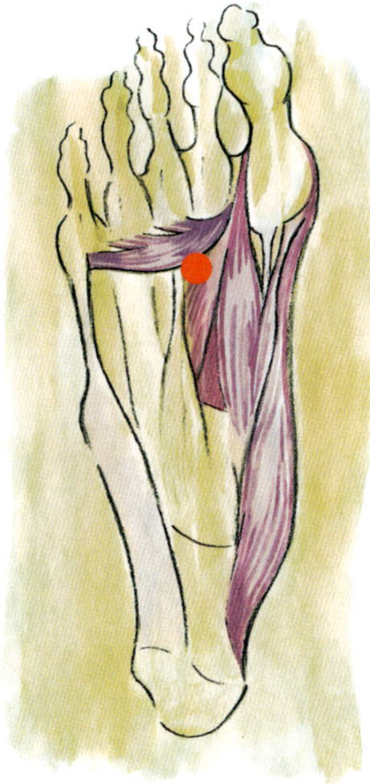

An der markierten Stelle heben Sie die Murmel vom Boden, die Zehen bleiben gerade! Das kräftigt das Muskelband über dem Quergewölbe und hilft bei Senk- und Spreizfuß, Entzündungen der Zehengrundgelenke und schmerzenden Ballen.

Erscheint Ihnen diese Übung sehr einfach? Haben Sie auch schon fleißig die landläufigen Zehenübungen gemacht, Stifte aufnehmen, im Sand wühlen? Okay, das ist für Sie: Achten Sie darauf, dass wenigstens Sie die Zehennägel in jeder Phase sehen können – so arbeiten Sie wirklich mit dem Quergewölbe und nicht nur mit den Zehen.

Übung 3 – die Superübung fürs Quergewölbe

▶ Murmel auf den Boden legen, Fuß so darauf setzen, dass die Murmel genau in die Mitte des Fußballens zu liegen kommt, unter die kleine durchgetretene Harthautinsel. In der Zeichnung oben ist dort der rote Punkt. Und jetzt mit dem Fuß die Murmel fassen und hochheben. Die Zehen tun nichts dazu, das Quergewölbe macht die ganze Arbeit.

Michaela:

1. Wenn ich die Murmelübung mache, wird mein rechter (besserer) Fuß schmaler – offensichtlich zieht sich das Quergewölbe zusammen. Mein linker (schlechterer) Fuß allerdings »geht in die Breite«, der Halluxzeh bewegt sich in Richtung kleine Zehe, die Fehlstellung verstärkt sich also, und die beiden äußeren kleinen Zehen, die ganz gekrümmt sind (Jugendschuhsünden!), sind fast bewegungslos. Ist das Übungssache, oder mache ich etwas falsch? Außerdem bewegen sich bei den Übungen sehr deutlich die Sehnen am Fußrücken, die vom Schienbein zu den Zehen führen, sodass ich fürchte, die »falschen« Muskeln zu trainieren.

2. Kennen Sie vielleicht Übungen für meine versteiften beiden äußeren kleinen Zehen – besteht da noch Hoffnung, dass die ihre Beweglichkeit zurückerhalten? Sie fühlen sich auch sehr taub an. Meine Fußpflegerin meint, das rührt daher, weil sie im Schuh durch ihre Stellung immer an den so genannten Köpfchen gereizt werden.

3. Wenn ich die Übungen fürs Quergewölbe mache, habe ich die Vorstellung, der Fuß wölbe sich, wie wenn ich eine hohle Hand mache. Ist dies richtig – oder ist diese Bewegung falsch?

Benita Cantieni:

Zu 1. Reden Sie dem linken Fuß gut zu, er darf vom rechten lernen. Denn der macht das perfekt. Beim linken Fuß ist Ihre Wahrnehmung offenbar gestört; er macht einfach das Gegenteil von dem, was er möchte, was Sie möchten. Haben Sie ein bisschen Geduld mit dem linken Kerlchen, Sie haben ihm ja schließlich in der Vergangenheit auch allerhand zugemutet.

Die Sehnen an Schienbein und Fußrücken sind wunderbar, hier geht es um eine VERNETZUNG der Muskulatur. Es wird nicht mehr lange dauern, und Sie spüren die Sehnen und Muskelzüge bis zum Beckenboden und dann den Rücken hinauf.

Zu 2. Für die kleinen Zehen ist die »Übung 2 – fürs Quergewölbe«, mit den Zehen vor- und zurückrobben (siehe Seite 44f.), hervorragend geeignet.

Zu 3. Das ist genau der Zweck der Übungen fürs Quergewölbe, Sie machen das prima. Auch Ihr Beispiel mit der hohlen Hand ist perfekt, denn evolutionstechnisch hat sich der Fuß des Menschen aus der Hand entwickelt und dabei die Greiffähigkeit verloren. Genau dieses »Hohlhandgefühl« soll der Fuß für anatomisch optimales Gehen aber wieder lernen.

Laura:

Ich habe gestern mit Ihrem Fuß-Workout begonnen (Spreiz-Senk-Fuß, Hallux valgus). Folgende Unklarheiten:

1. Da mir sowohl meine Fußpflegerin als auch ein Orthopäde zu einer Operation raten, ich das aber vermeiden möchte, möchte ich natürlich gerne optimal trainieren. Soll ich die Übungen einfach so oft wie möglich machen, oder brauchen auch diese Muskeln Pausen, um zu »wachsen«?

2. Ich habe mir vor kurzem Einlagen für meine Hausschuhe machen lassen – soll ich die auch tatsächlich tragen? Es gibt ja sehr geteilte Meinungen, was »Krücken« aller Art betrifft – ob Brillen, Stützstrümpfe, Einlagen usw. Manche meinen, diese Hilfen verschlimmerten die Sache, weil Muskeln & Co. dann zu weiterer Untätigkeit verführt würden ...?!

3. a) Zur Murmelübung: Es gelingt mir leider nicht einmal andeutungsweise, die Murmel mit dem Quergewölbe auf-

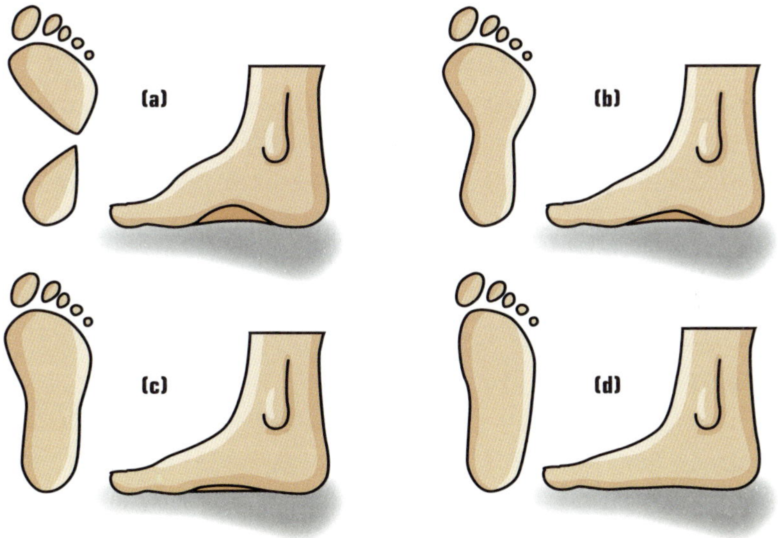

Welchen Abdruck hinterlässt Ihr Fuß vor den Übungen?
(a) Hohlfuß, (b) Normalfuß, (c) Senkfuß, (d) Knick-Senk-Fuß/Plattfuß

zuheben. Kann es sein, dass dies Übungssache ist? Vorstellen kann ich's mir derzeit allerdings noch nicht.

3. b) Wenn ich die Übung mit der Murmel fürs Prinzip »kleiner Zeh trifft großen Zeh« nicht mit Bodenkontakt, sondern mit Sichtkontakt mache (Fuß auf dem Knie des anderen Beins), kann ich tatsächlich sehen, dass sich die Müskelchen andeutungsweise bewegen – kann dies etwa die Vorstufe zum Murmelheben sein?

4. Zu den »Zehenraupenschrittchen«: Ich habe nicht ganz verstanden, ob die Ferse an Ort und Stelle bleiben soll und die Schrittchen nur den Fuß lang ziehen oder ob die Zehen die Hauptarbeit machen, die Ferse sich aber dann doch einige Zentimeter weiter vorn befindet?

Benita Cantieni:

Zu 1. Übungen so oft wie möglich machen, damit Ihr Fuß das alte Programm schnell vergisst. Keine Pausen.

Zu 2. Einlagen erinnern Ihren Fuß immer wieder an das alte Muster. Weg mit den Dingern! Sie entmündigen Ihren Fuß.

Zu 3. a) Reine Übung, Sie schaffen das schneller, als Sie glauben. Vielleicht schon übermorgen ...

Zu 3. b) Das machen Sie großartig, und ja, was sich da mitten auf dem Fußballen kräuselt, sind die Murmelheber.

Zu 4. Die Ferse wird von den Zehen nach vorn gezogen oder zurückgestoßen. Schleift also am Boden nach. Ferse NICHT anheben – keinen Zentimeter, keinen Millimeter. Wenn Sie Schweißfüßchen hätten, was ich mir nicht vorstellen kann, könnten Sie die Sohlen pudern.

Hilda:

Könnten Sie bitte genau beschreiben, welcher Teil des Fußes als Erstes den Boden berührt, wenn Sie laufen, und von welchem Teil Sie sich danach abstoßen. Wie setzt sich die Kraftübertragung vom Fuß in den restlichen Körper fort? Der ganz genaue chronologische Muskelvernetzungsablauf interessiert mich, damit ich vergleichen kann, wie es bei mir ist.

Benita Cantieni:

Wenn sich der Körper selber trägt, und wenn Sie die Bewegungen durch die gegengleiche Rückwärtsrotation in den Knien und/oder dem Becken auslösen, dann landet der Fuß mitten auf der Ferse, geht über die Außenseite (Außenseite, nicht Außenrand!) zum Großzehengrundgelenk und stößt mit den

Zehen kraftvoll ab. Es ist eine leichte und gleichmäßige Verteilung auf dem Fuß, der Beckenboden nimmt ihm ja die Last ab.

Wimmie:

Ich laufe nun seit einem halben Jahr. Seit zwei Wochen habe ich eine Zehengrundgelenkentzündung am linken Fuß. Kommt das durch Überbelastung, falsche Laufschuhe, falsche Abrollbewegung? Ich rolle den Fuß von vorn nach hinten ab. Jetzt habe ich mir neue Laufschuhe gekauft, jogge allerdings noch nicht wieder so wie früher. Was kann ich bei solch einer Entzündung tun?

Benita Cantieni:

Entzündungen an den Zehengrundgelenken werden sehr häufig vom Ballengang verursacht. Der menschliche Fuß ist nicht konstruiert, um dauernd auf den Ballen zu landen! Schon gar nicht, wenn Sie Ihr ganzes Gewicht nach vorn werfen. Das Quergewölbe leiert aus, Sie schlagen direkt auf den Zehengelenken auf. Die Entzündung muss ausheilen – und bitte ganz, sonst kommt sie immer wieder. Trainieren Sie dann Ihren Fuß, wie ich es in diesem Kapitel beschrieben habe. Die Muskulatur über dem Quergewölbe an der Fußsohle ist für Sie sehr wichtig.

Nicht stöhnen, der Fuß lernt schnell. Es ist ja nichts Neues für ihn, sondern eigentlich das Angeborene. Er hat es nur vergessen. Wenn Sie das Skelett ausrichten und in der Tiefenmuskulatur verankern, landen Sie automatisch richtig und mit dem kleinstmöglichen Impakt auf dem Fuß. Heißt: nie mehr Entzündungen!

6

Kniefall für das Knie

Ein Genie namens Knie

Was Sie erwartet: Das Knie ist ein Scharnier. Wenn Sie seine grandiosen Fähigkeiten schätzen und seine Grenzen akzeptieren, so bleibt es Ihr bester Begleiter. Lebenslang.

Sie sitzen doch so schön bequem. Stellen Sie eine Ferse auf und erkunden Sie doch mal eines Ihrer Knie.

Vorn dran spüren Sie die Kniescheibe. Schieben Sie diese Scheibe mal hin und her und rauf und runter, spüren Sie, wie elastisch die Bänder sind, mit denen sie am Ober- und Unterschenkel angemacht ist. Als Scharniergelenk kann das Knie biegen und strecken. Seitliche Abweichungen mag es bis zu einem gewissen Grad ausgleichen, wird zu viel verlangt, werden die Sehnen und Bänder überdehnt und können auch reißen. Es ist eigentlich wie beim Umgang mit einem Haifisch: Reizen Sie Ihr Knie nicht, und es erfüllt brav seine Dienste. Greifen Sie es an, schlägt's zurück.

Hier bekommen Sie keine weichen Knie. Im Gegenteil: Die Funktion wird gekräftigt.

Tasten Sie die Ränder der Patella – so heißt die Kniescheibe in Medizinerdeutsch – ab, fühlen Sie den Ober- und Unterschenkel. Seitlich gibt's zwei Dellen, die Ihre Finger magisch anziehen. Da spüren Sie auch den Raum zwischen Ober- und Unterschenkel. Wenn Sie drücken, spüren Sie das, nicht direkt als Schmerz, aber doch als Schmerzchen. In diesem Spalt zwischen den Knochen gibt es eine Pufferscheibe aus Knorpel. Solange die unversehrt ist, ist Ihr Knie »gesund«. Trägt sich

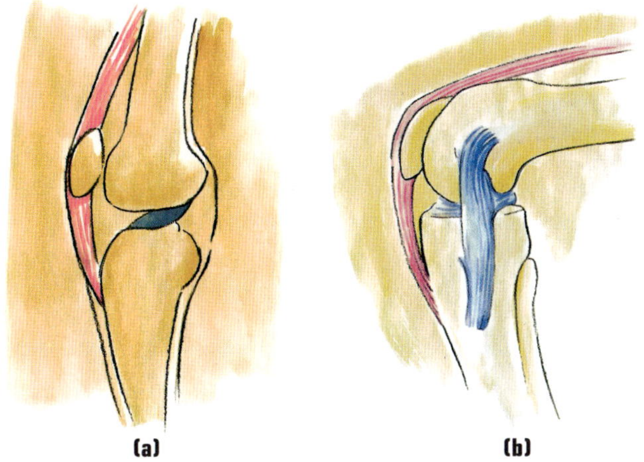

(a) Sieht so harmlos aus, ist so raffiniert gebaut und kann so wehtun: das Knie. Halten Sie den Gelenkspalt groß, bleiben Menisken und Knochen gesund. (b) Das Knie in Aktion. Es ist eigentlich ein Scharnier fürs Strecken und Biegen.

diese Knorpelschicht ab, gibt es Schmerzen. Wenn schließlich stellenweise Knochen auf Knochen prallt, kommt es zur sehr schmerzhaften Kniearthrose.

Es gilt zurzeit noch als normal, dass die Knorpelschicht im Alter ausdünnt und praktisch alle alten Menschen Knieschmerzen haben. Ich wettere tüchtig dagegen: Das muss nicht sein. Sie können selbst dafür Sorge tragen, dass der Knorpel vollständig bleibt.

Das fängt wieder in Ihrer Vorstellung an: Die Beinknochen müssen nicht aufeinander stehen, die müssen sich nicht berühren. Die müssen satt in den Muskeln sitzen.

Wahrnehmungsübung. Balancieren Sie einen Ballon ganz zart zwischen den Knien. Bringen Sie den Ballon in Schwingung, indem Sie wieder die Kniescheiben zart rückwärts kreisen lassen. Was sagt das Knie dazu? Tut etwas weh? Oder tut vielleicht etwas, was sonst weh tut, nicht weh?

Zeichnen Sie zarte Rückwärtskreise mit den Kniescheiben, bringen Sie den Ballon in Schwingung. Vor allem: Nehmen Sie wahr, was in Ihrem Körper geschieht, wenn Sie ihn fliehkräfig benutzen.

Gehen Sie auf die Zehenspitzen und zeichnen Sie die kleinen Kreise rückwärts. Verstärkt sich der Druck der Knie auf den Ballon oder wird er weniger? Spüren Sie den Beckenboden noch? Weniger? Mehr? Gleich?

Wenn die Beinachse aus dem Lot ist, kann das Knie nicht mehr reibungslos arbeiten.

Ferse in den Boden schieben, Kniescheiben kreisen lassen, RÜCKWÄRTS, IMMER ENTLANG DER BEINACHSE, und einen wirklichen Kreis zieht die Kniescheibe auch nicht, aber sie setzt eine Kreisbewegung IM KNIE in Bewegung. Spüren Sie die Sitzbeinhöcker (also die Beckenbodenmuskulatur) jetzt mehr oder weniger?

Sind Sie unsicher, in welche Richtung die Kreise gehen? Studieren Sie auch am Uhrzeigersinn herum, wie das einige Leser des I-Buches machten? Okay, Wahrnehmungsschule.

Versuchen Sie, mit den Knien dem Ballon eine kleine seitliche, liegende Acht beizubringen. Millimeterklein. Uhrzeigersinn. Gegenuhrzeigersinn. Spüren Sie nach, was in den Sitzbeinhöckern passiert, in der Kreuzbeinregion. Wird das Becken im Rücken weiter oder enger? Wie groß kann die Acht werden, bis es im Knie knackst? Diese Acht können Sie weder beim Gehen noch beim Laufen machen, nicht beim Spazieren oder Springen, auch nicht beim Joggen oder Walken. Weil sie kniewidrig ist, unanatomisch und unökonomisch. Sofort wieder ein paar Kreise in die richtige Richtung, einfach nur rückwärts zu den Sitzbeinhöckern, um das Knie zu versöhnen.

Nehmen Sie den Ballon weg und ziehen Sie die Knie seitlich ein wenig auseinander, sodass die Beinachse nicht mehr gerade ist, das Knie quasi neben dem Schuh steht. John-Wayne-mäßig.

Was machen die Füße? Stehen die noch fest auf Großzehengrundgelenk und Außenseite Ferse? Versuchen Sie, die kleinen Rückwärtskreise mit der Kniescheibe. Leichter?

Schwieriger? Angenehm? Unangenehm? Kennen Sie das Gefühl vom Laufen? Was machen die »Be-

Achtung, die folgenden Wahrnehmungsübungen bitte ganz subtil machen. Wenn Sie ein akutes Knieleiden haben, lassen Sie diese Experimente mit der Beinachse aus!

ckenbodenindikatoren« Sitzbeinhöcker? Machen die automatisch mit oder sind sie lahm gelegt?

Selbst wenn es das Muster ist, das Sie kennen, das Ihnen vertraut ist wie die alten Pantoffeln: Kleben Sie auf diese Beinhaltung das Etikett »SO NICHT!«.

Haben Sie heute schon mit den Kniescheiben gekreist?

Zurück in die ideale Beinachse, Knie wieder über den Mittelfuß, Fuß und Knie auf Linie mit den Hüften. Wenn Sie runterschauen, sollten die Zehen vor dem Knie rausgucken. Ein paarmal Kniescheibenkreisen rückwärts, die Unterschiede zur Version mit Außenknie spüren. Reden Sie laut, das stört niemanden, geben Sie Ihren Empfindungen Worte und Raum, lassen Sie Ihren Körper sprechen. Er ist die Autorität. Er muss das anatomisch Richtige als richtig erkennen. Hängen Sie auf jeden Fall ein Label »GUT SO!« an die Beine.

Jetzt ziehen Sie die Knie näher zueinander. Viele Frauen kennen dieses Muster, X-Beine. Kniescheiben rückwärts kreisen und wahrnehmen. Leichter? Schwieriger? Unmöglich? Was sagt die Beckenbodenmuskulatur dazu? Wie fühlen sich die Hüftgelenke an? Eng? Weit? Zurück zur geraden Beinachse, ein paarmal kreisen, wahrnehmen, die Empfindung in Worte kleiden. Und dick und fett anschreiben mit »ANATOMISCH FALSCH!«.

Die Beinachse

Wenn die Gelenke in der idealen Beziehung zueinander stehen, können sie ideal ineinander greifen, Sprunggelenk, Knie, Hüftgelenk und umgekehrt.

Sie können nicht darauf vertrauen, dass die Knochen Ihr Bein lebenslang gerade halten. Dafür braucht's die Muskeln. Trainieren Sie Ihre Beinmuskulatur in der perfekten Beinachse, d.h. immer Knie über Mittelfuß, auch in Grätschstellungen, so werden die Muskeln gleichmäßig und ideal gekräftigt. Machen Sie Muskelarbeit nicht in diesem statischen Gleichgewicht, muss ein Muskel überdehnen, wird der Gegenpart automatisch verkürzt.

Hier ist ein Muskelbein, das unter der Verpackung die Tiefenmuskulatur zeigt, NICHT die oberflächliche. Denn die Muskeln darunter sind die Statikkünstler. Ganz oben unter dem Beckenkamm sehen Sie die so genannten Hüftmuskeln, Quermuskeln, die direkt am Becken angebracht sind. Jedes Mal, wenn Sie die Sitzbeinhöcker zusammenziehen und so die innerste, größte Schicht der dreilagigen Beckenbodenmuskulatur aktivieren, bearbeiten Sie auch diese Gruppe der Hüftmuskeln. Ist eine unschätzbare Altersversicherung gegen Hüftgelenkarthrose, Beckendeformationen, Oberschenkelhalsbruch etc.
Wer mit einem steifen Becken läuft, verkürzt auch diese Muskeln chronisch.

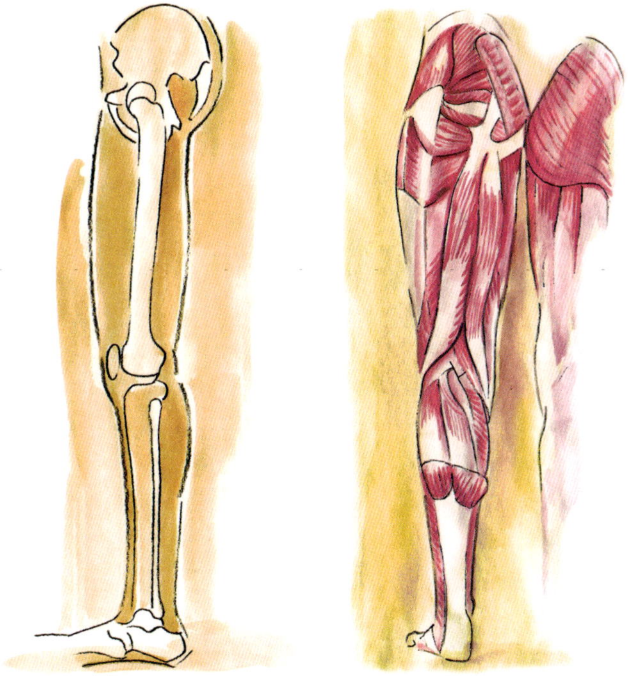

(a) (b)

(a) Wenn die Gelenke Sprunggelenk, Knie, Hüftgelenk in idealer Beziehung zueinander stehen, können sie ideal ineinander greifen.
(b) Die tiefen Schichten der Beinmuskulatur sind für die Statik mitverantwortlich.

Feedback von Eva:

Komme gerade vom Laufen – und es war toll, schön, ein richtiges Bonbon. Und: Ganz nebenbei bin ich schneller gelaufen als sonst (also eine trainierende Schnecke), einfach so, mühelos, habe ich gar nicht gemerkt.

Ich bin auch nicht der Lang-Läufertyp (glaube ich) oder so, aber ich teile Ihre Meinung vollkommen. Das ist doch überall so: Je weniger man an Reibungsverlust produziert, umso mehr kann die erzeugte Energie in kinetische Energie umgesetzt werden (puuuuh, das war ein Ausflug in ganz alte Physikerinnerungen in der Schule!).

Und dass der von Ihnen beschriebene Laufstil weniger Reibung erzeugt, ja, das spüre ich genau und das scheinen mir die gesichtsverzerrten und verkrampften Läufer zu bestätigen, die mir entgegenkommen oder (noch) an mir vorbeiziehen (mit großen Schritten von Fuß zu Fuß fallend). Mein Knie hat zum Schluss etwas gemuckt. Ich nehme an, dass da mein Beckenboden an vorläufige Grenzen stieß.

Tja, und noch eine Kleinigkeit; ich muss es einfach loswerden: Dann habe ich gerade auch noch zwei Hasen gesehen, ja, richtige Hasen, nicht etwa Kaninchen, saßen ruhig mümmelnd im Feld, genossen das Leben (sage ich mal) – und ich fand auch alles ganz wunderschön. Euphorische Grüße!

Susanne:

Ich verstehe noch nicht ganz die Richtung der kleinen Rückwärtskreise mit den Kniescheiben. Sollten die nach außen, oben, innen, unten oder umgekehrt nach innen, oben, außen, unten gehen? Mein Knie kann beides. Außerdem habe ich das Gefühl, wenn ich die Kniescheiben rückwärts kreise beim Laufen, dass dann die Sitzbeinhöcker vorwärts kreisen, aber die sollten doch auch rückwärts, oder? Wenn ich mich nur auf die Sitzbeinhöcker konzentriere, kreisen wiederum die Knie nicht mit …

Benita Cantieni:

Rechts und links, also im Uhrzeiger- und Gegenuhrzeigersinn, kreisen Ihre Kniescheiben nur für die Wahrnehmung – in der Hoffnung, Sie spüren, dass es so beim Laufen nicht geht. Es gibt nur eine einzige mögliche Kreisrichtung, die anatomisch sinnvoll ist, auf der Beinachse … folgen Sie den eingezeichneten Pfeilen auf Seite 52; die Pfeile zeigen genau das an, was gemeint ist.

Wenn Sie beispielsweise sitzen, Füße am Boden, spürbar auf den Sitzbeinhöckern aufgerichtet, und wenn Sie jetzt die Kniescheiben rückwärts, also Richtung Körper kreisen lassen, fürs Auge fast nicht sichtbar, innerlich, im Scharnier und anatomisch richtig, so bewegen sich Ihre Oberschenkel nach oben, das Hüftgelenk übernimmt die Kreisbewegung, wie bei einem Förderband. Sobald Sie Ihre Beine heben oder Ihre Füße heben oder knicken oder seitlich verschieben müssen, machen Sie nicht das, was ich beschrieben habe.

Anonym:

Laufen ist eigentlich wunderbar, nur machen meine Knie nicht mit. Ich habe folgendes Problem: Seit meinem 13. Lebensjahr habe ich mir immer wieder eisernes Lauftraining gegönnt, wollte auch Wettkämpfe und Marathons laufen. Hierfür habe ich immer wieder trainiert. Nach einigen Wochen schmerzten immer meine Knie. Aus der Traum. Mittlerweile ist es so, dass schon bei einer Trainingseinheit nach ca. 15 bis 20 Minuten erst ein Knie (ich denke, es sind die Außen- und Innenbänder der Knie) und dann das andere zu schmerzen anfängt. Auf jeden Fall tun mir die Innen- und Außenseiten der Knie höllisch weh; normales Gehen und Treppensteigen ist unmittelbar nach dem Training erträglich, jedoch komme ich kaum mehr eine Stufe hinunter. Je nachdem lassen die Schmerzen nach zwei bis drei Tagen wieder nach. Was mich wundert: Sonst kann ich jeden Sport machen: Schwimmen, Aerobic, Radfahren, Spinning... auch über längere Zeit. AerobicConventions, Aerobic und Spinning-Marathons: kein Problem.

Ich habe meine Knie von verschiedenen Sportärzten und Orthopäden immer wieder untersuchen lassen, und jeder sagt etwas anderes. Was kann es sein? Was kann ich tun?

Benita Cantieni:

Es gibt einen anatomisch richtigen Gebrauch der Knie, der für Sie Schmerzfreiheit bedeutet, ich habe ihn hier im Kniekapitel beschrieben. Üben Sie im Sitzen und Liegen und laufen Sie erst wieder los, wenn Sie die neue, kniefreundliche Bewegung beherrschen.

Michaela:

Meine Schwester hat seit einiger Zeit Schmerzen vom Knie bis zur Hüfte, der Arzt hat ein um 56 Millimeter verkürztes Bein festgestellt und zu Einlagen zum Ausgleich geraten, die sie nun trägt. Zu Beginn waren die Beschwerden gemildert, jetzt sind sie wieder da. Nachdem Sie mir zum Wegwerfen meiner orthopädischen Einlagen wegen Spreiz-Senk-Fuß etc. geraten haben, da der Fuß immer wieder an sein altes Muster erinnert würde, könnte ich mir vorstellen, dass auch diese Höhenausgleichseinlagen die Probleme im Grunde verstärken. Welches Ihrer Bücher kann ich meiner Schwester empfehlen? Und gibt es neben den im Laufbuch beschriebenen Übungen fürs Knie noch spezielle für die Sache mit den unterschiedlich langen Beinen?

Benita Cantieni:

Nehmen Sie mal ein Messband und messen Sie die Beine Ihrer Schwester. Ich fresse einen Besen – Harry Potters Feuerblitz natürlich: Die Beine sind gleich lang. Das Becken steht schief, ein Bein

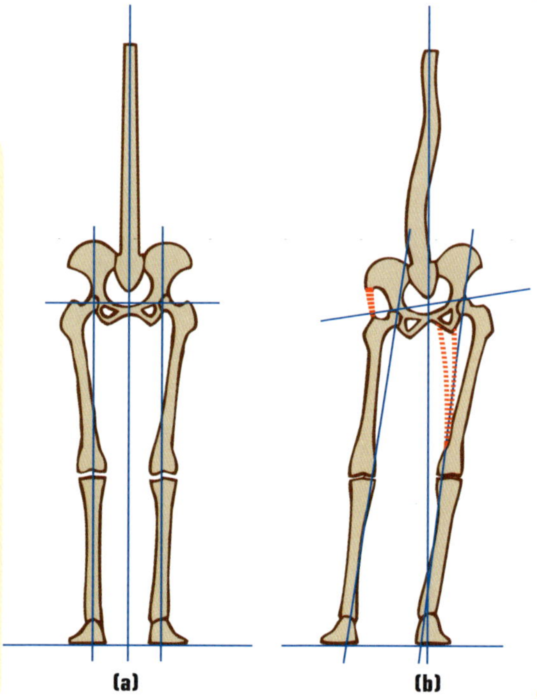

Das normale Schwerelot des Beckens (a) ist ein seltener Idealzustand. Eines der häufigsten Statikprobleme ist die Seitenverschiebung des Beckens (b). Ursache ist praktisch immer die Erschlaffung der Beckenbodenmuskulatur. Das Gewicht wird im Stand einseitig auf das gleiche Bein verlagert. Als Folge verkürzen die Muskeln um Lendenwirbel, Kreuzbein, Hüften und Gesäß. Es entsteht ein Beckenschiefstand, das rechte Bein erscheint kürzer, bei eigentlich gleicher Beinlänge der Knochen.

wird »in die Hüfte« hochgezogen. Die verflixte Einlage zementiert diesen Beckenschiefstand, es wird noch schiefer, das Bein »noch kürzer« – was wir ja nun besser wissen. Vielleicht hat Ihre Schwester eine leichte, »versteckte« Wirbelsäulenverkrümmung? Oder sie steht immer auf einem Bein ...

Ihre Schwester muss den Beckenboden kräftigen, die Wirbelsäule aufspannen, das Becken aufrichten. Die Muskeln, die jetzt verkürzt sind und die Misere anrichten, die müssen gedehnt und verlängert werden. Und dann sind ihre Beine gleich lang ...

Alles, was Ihre Schwester dafür wissen muss, steht hier im Laufbuch; es dreht sich ja um das Geschmeidigmachen der Powermitte Becken. Sie muss das Buch aber von ganz vorn bis ganz zum Schluss durchlesen.

Feedback von Nicky:

Ihre Methode hat mir mittlerweile sehr geholfen, auch beim Ganzkörpertraining. Meine Muskeln sind recht gut in Form; ich versuche nicht nur untertags, sondern sogar auch beim Laufen den Beckenboden anzuspannen, auch wenn es etwas Übung braucht (das mit den Knien muss ich noch lernen)! Ich habe im linken Knie eine Arthrose und zusätzlich Senk-Spreiz-Füße, ich trage beim Laufen Einlagen. Mittlerweile bin ich aufgrund Ihres Buches der klaren Meinung, dass ich nicht nur meinen zweiten Marathon laufen, sondern auch irgendwann all diese Beschwerden beseitigen kann!

Michaela:

Die Sache mit dem Kniescheibenrotieren gelingt mir zwar im Sitzen und Stehen, beim Gehen allerdings überhaupt nicht. Ist es vielleicht eher eine Vorstellungshilfe? Das Beckenrotieren dagegen klappt bestens; ich habe mich schon richtig daran gewöhnt – ob beim Gassigehen mit dem Hund, beim Wandern oder beim Stadtbummel ...

Benita Cantieni:

Wenn es aus dem Becken geht, wunderbar. Nehmen Sie das Kniescheibenkreisen als Vorstellungshilfe. Und massieren Sie Ihre Knie hin und wieder wie beschrieben, das beschleunigt das Geschmeidigmachen.

Oft sind die Bänder und Muskelansätze »verklebt«, wie die Physiotherapeuten so treffend sagen.

Riki:

Ich laufe zwei- bis dreimal pro Woche, eine bis zwei Stunden jeweils. Seit ein paar Wochen habe ich Schmerzen in den Knien, die ich besonders beim Bergabgehen spüre. Seit drei Monaten habe ich Laufschuhe, die das Einwärtsknicken des Knöchels verhindern, aber sicher nicht ganz so weich sind wie die bisherigen. Liegt es an den Schuhen? Nützen sich die Gelenke ab? Ich brauche das Laufen, um den Alltagsstress (drei Kinder, Journalistin) zu bewältigen, und will so gerne weiter laufen. Ohne Laufen würde ich auch sicher zunehmen!

Beckenbodentraining mache ich nur sehr sporadisch, weil ich mir nicht sicher bin, ob ich es richtig mache.

Benita Cantieni:

Ich denke, Sie ahnen die Antwort: Beckenbodentraining sporadisch reicht nicht. Ohne Beckenboden prallt das Gewicht Ihres Körpers beim Bergablaufen voll in die Knie. Die Knochen schlagen aufeinander, nutzen sich ab. Setzen Sie den Beckenboden ein, puffert er das Gewicht des Torsos ab; die Knie können auch bergab sein, was sie sind – Scharniergelenke. Wenn Sie auch in 30 Jahren noch fröhlich mit den eigenen Kniegelenken laufen wollen: Beckenboden läuft mit! Es gibt hier im Buch viiiiiele Beckenboden-Knie-Kettenreaktionsübungen, die Sie im Alltag machen können!

Susanne:

Soll ich Ihre Übungen parallel zu einem beginnenden Lauftraining machen oder mir zunächst nur die Übungen vornehmen? Wenn ja, wie lange?

Ich habe eine ganze Reihe von den von Ihnen angesprochenen Problemen: seit Kindertagen (jetzt bin ich 35 Jahre alt) ein Hohlkreuz, dazu habe ich einen ausgeprägten Rundrücken entwickelt. Daran arbeite ich seit ca. drei Monaten. Ich habe vorbeugende Rückengymnastik beim Krankengymnasten gemacht; jetzt versuche ich vor allem, das Gelernte in Haltungen im Alltag umzusetzen, und mache die Rückenstretchingübungen konsequent weiter.

Der Rundrücken bessert sich auch, das Hohlkreuz aber leider nicht.

Außerdem habe ich einen Senk-Spreiz-Fuß, mit den von Ihnen im Fußkapitel so schön beschriebenen Hornhautplättchen an der Stelle neben dem Ballen. Und neuerdings habe ich beim und nach dem Radfahren auch noch Schmerzen in den Knien. Ich halte mich aber trotzdem

im Augenblick noch nicht für einen hoffnungslosen Fall ...
Besonders gut hat mir übrigens gefallen, was Sie über die Wirbelsäulenverkrümmung geschrieben haben: »Ich habe keine, sondern ich mache eine.« Ich denke, das kann man problemlos auf alle Haltungsschäden anwenden.

Benita Cantieni:

Zum letzten Punkt: Genau. Applaus! Wenn ich denn eine Empfehlung abgeben darf:
Trainieren Sie erst die Tiefenmuskulatur, mit den Übungen hier im Laufbuch. Nach drei Wochen Intensivtraining sind Sie, ist Ihr Körper so weit, dass Sie loslaufen können. Immer nur so lange, wie Sie mit und aus dem Beckenboden laufen können. Wenn es heute nur drei Minuten sind, sind es morgen schon fünf, übermorgen zehn ... Der Körper erinnert sich gern und schnell ans anatomisch optimale Muster, denn das ist es, was er im Grunde will.
»Wenn ja, wie lange«: 24 Stunden am Tag ... Sie finden ja hier wie in allen meinen Büchern eine ganze Menge Übungen, die Sie zwischendurch und nebenbei und jederzeit und unbemerkt und ohne Aufwand machen können. Tun Sie's möglichst oft und immer wieder in kleinen Häppchen.
Machen Sie also einen Fußbelastung-Tag, einen Steißbeinlangzieh-Tag, einen Kopfhoch-und-Schulternsetz-Tag – nur Beckenbodentag ist jeden Tag. Dreimal pro Woche ein Programm, das jeden Skelettmuskel des Körpers mit einbezieht und alles miteinander vernetzt, können Sie mit den Übungen aus meinen Büchern »Tiger Feeling – Das sinnliche Beckenbodentraining für sie und ihn« oder »Mein Powerprogramm. Schöner, schlanker, straffer in nur drei Wochen« trainieren – das dauert etwa eine Stunde und weckt die Zellerinnerung im Körper.
Am Anfang müssen Sie sich vielleicht zwingen. Die unglaublichen und unglaublich schönen und unglaublich schnellen Veränderungen in Ihrem Körper und Ihrem Wohlbefinden werden Sie aber bald sogar ein bisschen süchtig machen.
Wenn Sie allein nicht zurechtkommen: Unter www.cantienica.com finden Sie die Liste aller, die mit meiner Methode arbeiten und durch ihre Clubmitgliedschaft den jährlichen Qualitäts-TÜV durchlaufen.

7

Die Hüften von John Wayne und Marilyn

Typologie der Körpermitte

Freuen Sie sich darauf: Was Stilettos den Hüften so antun. Und wie Sie das verhindern können. Oder lindern. Oder ganz kurieren.
Schmerzfreiheit bei Arthrose der Hüftgelenke.
Schmerzfreiheit bei Problemen mit den Iliosakralgelenken.
Freiheit für die Lendenwirbel.
Und ein Schießverbot für Hexen.

Modell Marilyn

Becken gekippt, Kreuz hohl, Po rausgestreckt, Sitzbeinhöcker zeigen nach hinten, Kinn hochgereckt – die Stilettostellung. Die Pose gilt als sexy. Für Männer sowieso. Auch Frauen bilden sich ein, sie strecke das Bein. Auf Absätzen fällt das Becken automatisch so. Die Hüft- und unteren Rückenmuskeln werden verkürzt, die am unteren Bauch dafür überdehnt. Das Becken wird steif, die natürliche Beckenhälftenrotation geht verloren. Das Becken kompensiert mit seitlichem Ausweichen. Das ergibt den Hüftschwung von Marilyn Monroe. Ist in den Biografien nicht erwähnt, MM war wahrscheinlich tapfer, aber sie MUSS Kreuz- und Rückenschmerzen gehabt haben, geht nicht anders.

Die Füße werden durch diesen forcierten Ballengang ebenfalls deformiert. Wenn Sie häufig bis immer Stöckelschuhe tragen und über 30 sind, müssen Sie nur die Schuhe ausziehen, um den Effekt zu sehen. Nein, so meinte es der liebe Gott nicht.

Wenn Sie tagein, tagaus Stöckel tragen, kennt Ihr Körper keine andere Haltung mehr und Sie laufen auch in Laufschuhen so, die Muskeln im Rücken sind ja chronisch verkürzt, die können sich nicht für ein glückliches halbes Stündchen Laufen lang machen.

Wenn Männer in fortschreitendem Alter ins chronische Hohlkreuz fallen, gibt's den großen Kugelbauch, der über den Gürtel fällt.

Jede Fehlhaltung des Beckens hat Auswirkungen auf den ganzen Körper. Beim nach vorn gekippten Becken versucht der obere Rücken gegenzusteuern. Entweder wird die Brust künstlich rausgestreckt, das zieht die Schultern am oberen Rücken zusammen. Oder, das sehen Sie bei den Models auf den Laufstegen, die Schultern werden hochgezogen, die Brust sinkt ein.

Schön? Ich weiß nicht ...

Wechseln Sie ab, am besten täglich mehrmals. Zu Hause barfuß, im Büro flach, beim Ausgehen hoch. Ziehen Sie auch in den Stöckels immer das Steißbein nach unten, den Kronenpunkt nach oben.

(a) Supermodel
(b) Marilyn
(c) Frau John Buchhalter

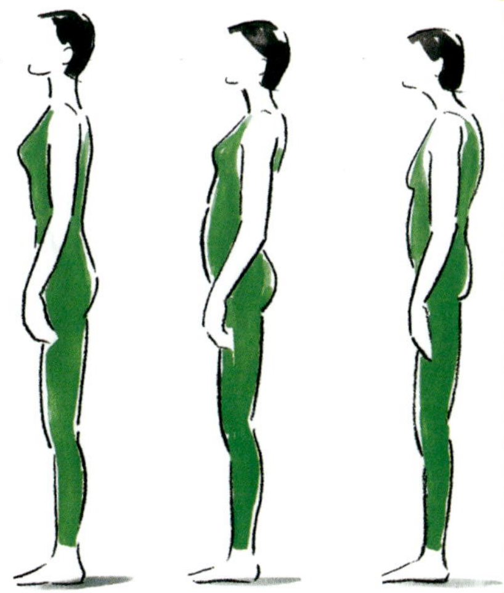

(a) (b) (c)

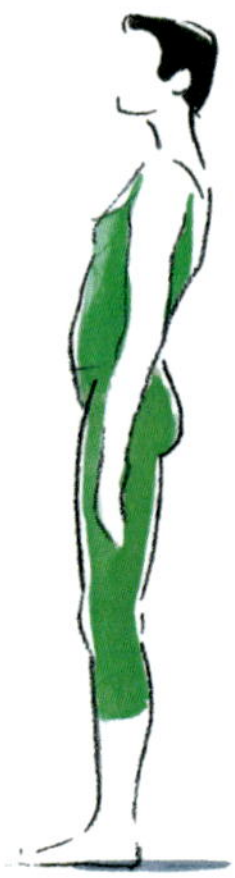

Marilyns Zwillingsbruder

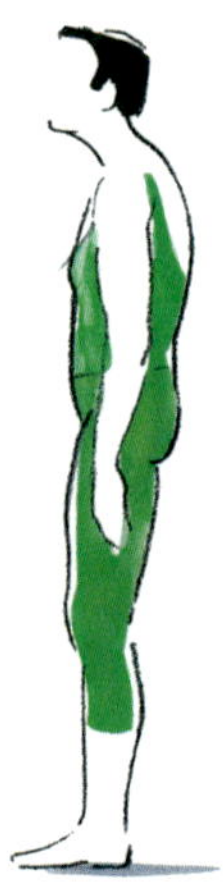

John Buchhalter

Marilyns Zwillingsbruder holt sich garantiert eine Arthrose der Hüftgelenke oder einen Bandscheibenvorfall der Lendenwirbel. Dauerschmerzen im Kreuz sind programmiert.

Modell John Buchhalter

Das sehen Sie sehr häufig bei Männern. Das Becken kippt nach hinten, der Hintern wird eingezogen, die Sitzbeinhöcker zeigen nach vorne. Es entsteht massiver Druck auf die Hüftgelenke, sie geben den Druck weiter an die Knie, die weiter an den Fuß. Der kann es nicht mehr nach unten weitergeben, zurück an die Beine, die wuchten buchstäblich aus. O-Beine. Das vorgeschobene Becken traktiert die Lendenwirbel, die O-Beine gehen auf Kosten der Menisken und der Kreuzbänder. Das sind denn auch die häufigsten Haltungsschäden bei Männern!
Der politischen Korrektheit zuliebe: Frauen tun's auch manchmal. Wenn sie das Becken nach hinten kippen, wird der Po flach und wirkt eingezogen. Der Bauch sieht zweiteilig aus, Oberbauch, Falte, Unterbauch. Oberer Rücken und Schultern versuchen anfangs, die fehlende Mobilität auszugleichen, müssen aber resignieren und werden steif. Rundrücken mit hochgezogenen Schultern gehören fast zwangsläufig zu dieser Haltung – die Sie MACHEN, nicht HABEN, Sie erinnern sich ...
Dieses Modell erfreut die Orthopäden mit Bandscheibenschäden im oberen Rücken, mit Problemen in den Schultern und/oder den Kniescharnieren. Wenn ich schon beim Aussehen bin, appelliere ich an Ihre Eitelkeit: Gute Haltung macht auch schön!

Supermodel

Bei der idealen Haltung steht das Becken gerade, aufgerichtet. Die Wirbelsäule hat einen gestreckten Schwung, von Kurve kann man da nicht mehr reden. Im evolutionsgegebenen Gehen muss das Rückgrat ja nicht als Stoßdämpfer arbeiten, die Bewegung mit der Fliehkraft verursacht keinen Aufprall. Das Steißbein zieht nach unten. Die Beckenbodenmuskulatur gibt der Wirbelsäule unten Halt und

Sicherheit. Der Kopf kann sich nach oben ausrichten. Die Wirbelsäule hat Zugspannung von beiden Seiten, findet so ihre optimale Linie. Wenn Sie diese Aufrichtung des Beckens und der Wirbelsäule lange genug geübt haben und beides selbstverständlich und automatisch geworden ist, gibt's keine Spannungskopfschmerzen mehr, keine Nackenschmerzen, es wird nie mehr die Hexe ins Kreuz schießen. Und auch der gefürchtete Ischias plagt Sie nie mehr. Aus einem einfachen Grund: Sind Wirbelsäule und Becken aufgerichtet und gedehnt, stehen die Nerven in den Nervenkanälen, die seitlich in den Wirbeln verlaufen, nicht an, werden nicht gereizt und schmerzen nicht.

Im normalen Leben laufen Laufstegmodels ganz normal.

Noch mal, weil es die Essenz dieses Buches ist: Die Bewegung mit der Fliehkraft verursacht keinen Aufprall des Körpers.
Noch mal: Hat die Wirbelsäule Zugspannung von unten (Beckenboden) und von oben (Schädeldecke), so findet sie ihre natürliche, optimale Linie.

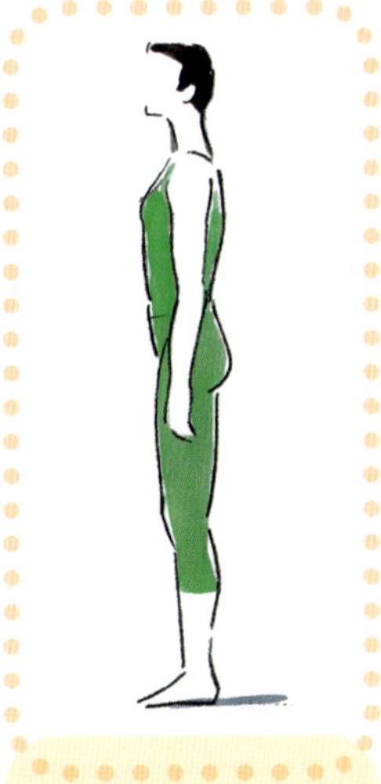

Supermodel: Becken am Stamm aufgerichtet, Wirbelsäule aufgespannt, Kopf nach hinten-oben ausgerichtet und leicht wie ein Ball auf einer Fontäne.

Die meisten Hexenschüsse holen sich Männer wie Frauen, wenn und weil sie sich im Stehen die Socken oder Strumpfhosen anziehen, mit waldschrattkrummem Rücken, vorn hochgezogenem Becken, mit völlig zusammengenuddelten Wirbeln!
Hinsetzen hilft. Wenn Sie es denn nicht lassen können oder wollen, machen Sie eine Übung daraus: Sitzbeinhöcker zusammenziehen, um den Beckenboden zu aktivieren. Kopf hoch, den Rücken vollkommen gerade lassen. Standbein tief in die Knie, das Knie des Spielbeins zur Brust ziehen und in das Fußteil schlüpfen. Seite wechseln.
Sicherer ist: Wecker zwei Minuten früher stellen oder einen Teil der Tageszeitung für den Feierabend auf die Seite legen. Schon haben Sie Zeit, sich auf den Rand des Betts oder der Badewanne zu setzen …

Ulrike:

Ich leide seid einiger Zeit an Schmerzen in den Hüften. Zuerst vermutete man eine Muskelentzündung; nun stellte sich jedoch heraus, dass es eine Sehnen-(eventuell auch Sehnenscheiden-)Entzündung sein muss. Ich gehe immer noch regelmäßig joggen (zwei- bis dreimal pro Woche) und ca. einmal pro Woche mache ich Aerobic. Dies vor allem auch, weil mir die Hüften ganz besonders schmerzen, wenn ich lange in der gleichen Stellung sitzen muss (z.B. im Zug, in Sitzungen, im Auto). Nun habe ich gelesen, dass man bei einer Sehnenscheidenentzündung eine Sportpause einlegen muss. Ich habe bereits Physiotherapie (Ultraschall und Strommassage) gemacht und versuche es im Moment mit Shiatsu.

Benita Cantieni:

Das klingt alles ein bisschen diffus – von Seiten der Ärzte ratlos, sonst könnten Sie mir sagen, welcher Muskel denn entzündet ist. Ob Shiatsu oder Aerobic: Ich empfehle Ihnen den Einsatz des Beckenbodens, der arbeitet mit allen Hüftmuskeln zusammen. Und lernen Sie die anatomisch perfekte Nutzung des Beckens/der Hüften. Es gibt viele Übungen hier im Buch, die können Sie im Sitzen machen, im Sitzen das Becken und alle Hüftmuskeln geschmeidig trainieren, einfacher kann ich es Ihnen nicht machen. Sie müssen SOFORT Linderung verspüren. Wenn sich die Schmerzen jedoch verstärken, ist es eine Entzündung, und ich rate Ihnen wirklich zum Pausieren. Glaube ich aber nicht ...

Frage:

Ich hatte jahrzehntelang Stöckelschuhe an. Seit einem Jahr laufe ich fast täglich. Seit einiger Zeit versuche ich den Laufstil von »Gentle Running« zu befolgen. Jetzt habe ich aber Schmerzen NACH dem Laufen am rechten Beckenkamm. Warum?

Benita Cantieni:

»Gentle Running nach Feldenkrais« ist ein wunderbarer Ansatz, aber es fehlen der Beckenboden und die anatomische Bewegung im Becken – das Kernstück meines Buches. Wenn Sie die gegenläufige Beckenrotation integriert haben, laufen Sie garantiert schmerzfrei. Sonst habe ich am Laufen nach Feldenkrais nichts auszusetzen. Wenn ich Luijpers auf den Fotos anschaue, habe ich das Gefühl, er lasse die Beckenhälften auch rotieren. Vielleicht konnte er es in der exakten Tiefe nicht analysieren und nicht in Worten beschreiben – jedenfalls kommt er nur nahe dran.

Feedback von Eva:

Schon mit vier, fünf Jahren hatte ich zumindest einen Knickfuß. Mein damaliger Kinderarzt war gegen Einlagen, aus denselben Gründen wie Sie. Er schickte mich zur Krankengymnastik, ich weiß nicht mehr, wie sehr die geholfen hat, dauerhaft war's jedenfalls nicht. Aber entweder der Arzt oder die Gymnastin meinte, dass die Knickfüße »aus der Hüfte« kämen. Also wieder ein Beispiel für Vernetzung.

Michaela:

Ich habe folgendes Verständnisproblem: Sitzbeinhöcker zueinander ziehen und Schambein leicht in Richtung Nabel einrollen oder Sitzbeinhöcker zueinander ziehen und Steißbein nach hinten/unten fließen lassen – was ist wann richtig?
Ich habe auch schon eine Kombination von beidem probiert, quasi als ob dann die Stelle zwischen Scham- und Steißbein in die Länge gezogen würde, aber das kommt mir eben doch nicht ganz richtig vor …

Benita Cantieni:

Schambein Richtung Nabel sage ich nur in Ausnahmefällen, wenn es wirklich darum geht, den unteren Rücken rund zu machen. Sonst bin ich ganz davon abgekommen, weil ich beobachtete, dass die Leute immer kippten. Also: Wenn nicht ausdrücklich dabei steht: »Schambein zum Nabel rollen«, dann machen Sie es NICHT.
Ich nehme an, Sie haben das erste Tiger-Feeling-Buch gelesen; da erlaubte ich noch die Verkürzung des Unterbauchs, weil es ALLE physiotherapeutischen Schulen, inklusive Spiraldynamik, lehrten. Heute weiß ich es besser: Es geht ohne Verkürzung.
Ziehen Sie nur den Pyramidalis hoch, Steiß- und Schambein ziehen immer zusammen, meist Richtung Fersen. Verständlich ausgedrückt? Nach »hinten-unten« geht das Steißbein tatsächlich nach neuesten Erkenntnissen, wenn ich Ihren Rücken und die Hüften völlig leicht und frei machen möchte.
Indem ich Ihrem Körper alle Möglichkeiten biete – Hohlkreuz, Langkreuz, lang und gerundet –, bereitet er sich auf alle möglichen Situationen vor und kann folglich auch immer situationsangepasst reagieren. Darum gibt es nicht einfach Standardbeschreibungen …

8

Das Becken – geniale Biomechanik

Typologie der Körpermitte

Die Vorschau: Das Becken hält und schützt die Organe. Es ist die Basis für die Wirbelsäule und stabilisiert den Oberkörper. Und es ist die Schaltzentrale für den aufrechten Gang. Wenn Sie diese Muskulatur vernetzt trainieren, haben Sie ein Powerkorsett fürs ganze Leben.

So sieht das weibliche Becken aus

Das weibliche Becken. Es ist von Natur aus weiter als das männliche. Der Grund ist klar: Schwangerschaft und Geburt.

Früher, vor langer Zeit, waren Frauen stolz auf breite Hüften, und bei den Männern waren sie begehrt, weil das breite Becken viele und leichte Geburten versprach. Der Volksmund kennt das gebärfreudige Becken noch und gebraucht es leider meist abwertend.

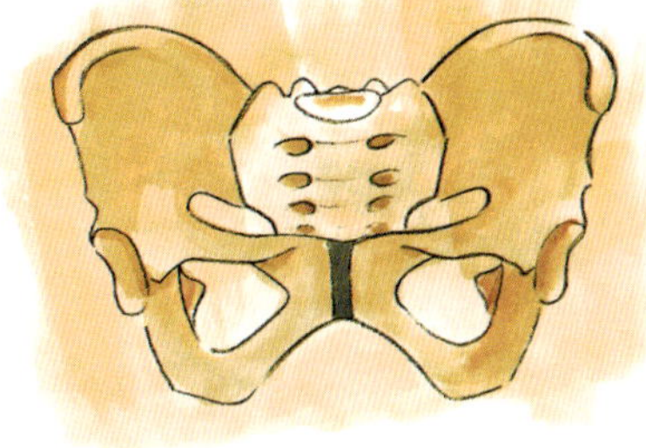

Das weibliche Becken ist breiter und weiter als das männliche, ansonsten sind die Strukturen gleich.

So sieht das männliche Becken aus

Das männliche Becken. Schmaler, ansonsten genauso konstruiert wie das weibliche, obwohl es keine Kinder tragen und gebären muss. Dieser Punkt wird in meiner Argumentation gleich wichtig.

Achten Sie beim weiblichen und beim männlichen auf den Spalt vorne am Schambein. Da ist das Becken in zwei Hälften geteilt und mit einem bandscheibenähnlichen Faserknorpel zusammengefügt, heißt in der Fachsprache Symphyse. Diese Zweiteilung des Beckens spielt bei der guten Bewegung eine zentrale, nein, DIE zentrale Rolle.

Auch wenn Sie Ihre angestammte Lauftechnik behalten, weil Ihnen nichts wehtut und Sie schnell vorwärts kommen: Bauen Sie die gegenläufige Rotation der Beckenhälften ein! Sie werden noch schneller und werden mit 80 Jahren immer noch schnell und schmerzfrei sein!

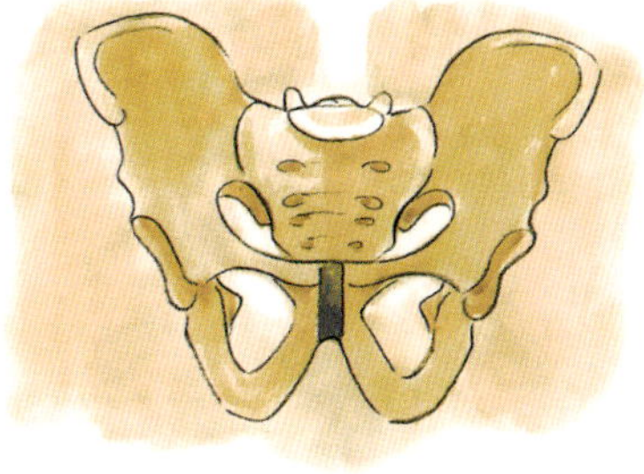

Das männliche Becken: höher und schmaler und genauso mobil wie das weibliche.

Das Becken von hinten

Auf der nächsten Seite sehen Sie das Becken von halb hinten. Und wieder ist es in zwei Hälften aufgeteilt. In der Mitte sind noch zwei Len-

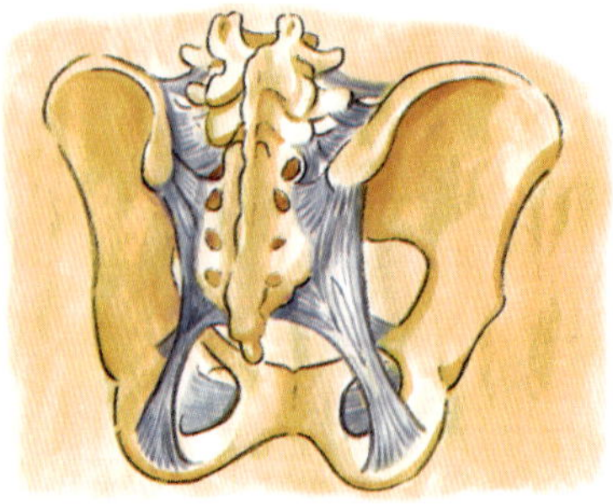

denwirbel zu sehen, dann kommt das Kreuzbein, dann das Steißbein. Das Kreuzbein ist mit den Beckenhälften verbunden, und zwar durch die so genannten Kreuzbeingelenke. Da liegt ein Fortsatz des Beckens in einer Vertiefung des Kreuzbeins, gehalten von zähen, kräftigen Bändern, die sehen Sie in der Abbildung blau eingezeichnet. Diese Konstruktion wird anatomisch nicht ganz korrekt Kreuzbein- oder Iliosakralgelenk, kurz ISG, genannt.

Hinter den blauen Bändern verbergen sich die Kreuzbeingelenke. Diese Kreuzbeingelenke sind das Zentrum der Kettenrotation beim Laufen, sie leiten Bewegung nach unten und nach oben.

Wer das Becken steif benutzt, also am Stück, en bloc, wer es vorschiebt, vorkippt oder nach hinten kippt, der belastet die beiden Kreuzbeingelenke über Gebühr. Das Kreuz mahnt, wir nennen das dann Schmerz. Das Kreuz mahnt weiter, wir gehen zum Arzt, er sagt ISG-Syndrom oder so ähnlich, wir bekämpfen die Schmerzen, das Kreuz gibt das Mahnen auf, es versteift sich.

Das Kniegelenk bewegt den Oberschenkel, das Hüftgelenk »antwortet«.

Wir wähnen uns in trügerischer Ruhe ...
Die Übung mit dem Rückwärtsrotieren der Kniescheibe, die setzt sich hier in den Kreuzbeingelenken fort, wie ein Förderband. Die Bewegung wider die Schwerkraft kann auch hier entstehen, nur ist das für die meisten Menschen mit »eingerosteten« Kreuzbeingelenken anfangs viel schwieriger als der Kniescheibendrehtrick.
Versuchen Sie's doch gleich, spüren Sie dem Oberschenkel nach, spüren Sie, wie sich mit den Hüftgelenken auch die Beckenhälften bewegen. Legen Sie die Hände in den Rücken auf die Kreuzbeingelenke. Jetzt lassen Sie die Kniescheiben rückwärts rotieren. Nehmen Sie wahr, was unter Ihren Händen passiert. Wenn das beim ersten Versuch auch noch so wenig sein mag: Es bewegt sich, der erste Schritt ist also getan. Die Bewegung wird mit der Übung immer größer, wenn die Bänder wieder geschmeidig werden.
Nein, Sie sind nicht zu alt dazu. Neulich machte ich das mit einer 92-jährigen Frau, und es klappte auf Anhieb. AUF ANHIEB. Weil es die Natur des Menschen ist.

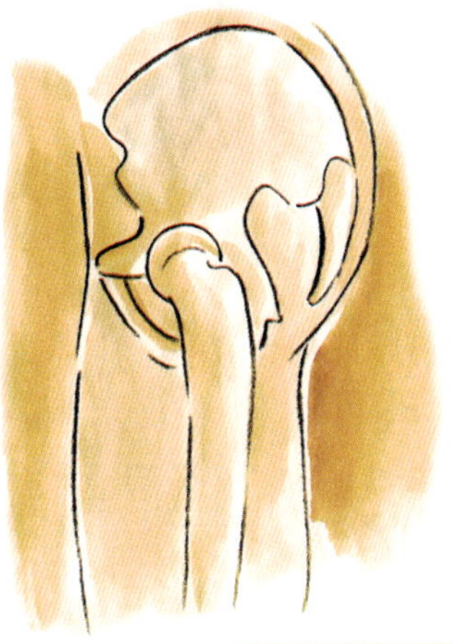

So steht der Oberschenkel in der Hüftpfanne.

Becken von der Seite

In Anatomiebüchern sind selten bis nie die anzustrebenden Ideale menschlicher Aufrichtung abgebildet. Trotzdem, für Ihr Verständnis brauchen Sie das Becken auch von der Seite. Die Kugel mittendrin ist der Kopf des Oberschenkels in der Gelenkpfanne.

Das Becken von hinten mit den Oberschenkeln

Damit Sie wissen, wie die Oberschenkel in der Pfanne stehen, hier das Becken mal von hinten. In der Mitte unten die Sitzbeinhöcker, daneben außen die Oberschenkelhälse, fixiert von Sehnen und Bändern.

Jedes Mal, wenn Sie die Sitzbeinhöcker zusammenziehen, wird das Becken unten schmaler und oben weiter, grob vereinfacht: wie ein V. Je schmaler das Becken unten ist, desto enger stehen die Hüftgelenke, desto freier liegen die Oberschenkelköpfe in der Pfanne, desto idealer die Statik des Beins. Die Organe haben in einem V-Becken Raum, sind geschützt von allen Seiten.

Umkehrschluss: Bei alten Menschen – Männern und Frauen – erschlafft der Beckenboden, wenn er nicht gezielt trainiert wird. Das Becken wird unten weiter, oben enger, es gleicht immer mehr einem A. Die Hüftgelenke stehen weiter auseinander, die Oberschenkelhälse kommen so unter enorme Spannung, deshalb brechen sie so leicht. Dem kann mit gezieltem Beckenbodentraining erfolgreich vorgebeugt werden. (Da müssten die Krankenversicherungen jetzt doch einfach jubeln und meine Instruktoren allesamt in die Altersheime zitieren!) Im A-förmigen Becken haben die Organe keinen Platz mehr, sie werden von oben nach unten, irgendwann sogar rausgedrückt. Bei der Frau heißt das Prolaps, beim Mann ist es meist ein Leistenbruch.

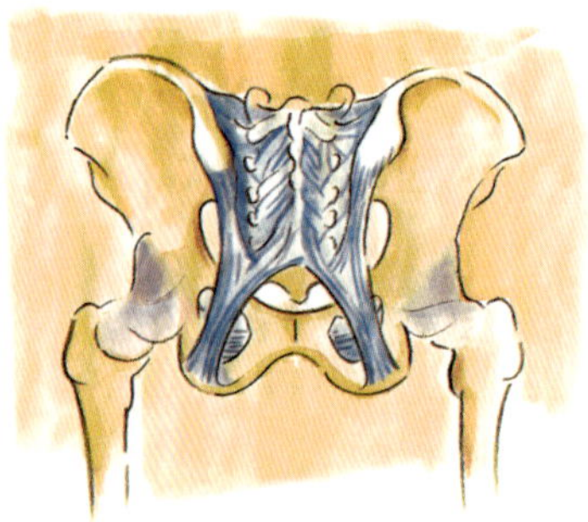

Damit Sie Ihre Beckenkonstruktion auch von hinten kennen: Je trainierter und kräftiger die Beckenbodenmuskulatur das knöcherne Becken zusammenhält, umso geschmeidiger und »gesünder« sind Ihre Hüftgelenke.

Im schlimmsten Fall verursacht dieses Ausleiern des unteren Beckenrands von V-Form zu einer A-Form den Altersbuckel. Tut weh, macht das Leben schwer – und kann verhindert werden.

Der Oberschenkelhals

Wir alle werden älter. Da schadet es nichts, wenn wir eine Vorstellung vom Oberschenkelhals haben, denn dann pflegen wir ihn lieber.

Die Oberschenkelkugel ist mit Knorpel überzogen. Sie liegt in der Pfanne. Solange zwischen der Kugel Gelenkschmiere ist und die beiden Teile beim Gehen, Stehen, Laufen, Springen, Hüpfen, Rennen usw. nicht zusammenstoßen, sich nicht aneinander reiben, sich nicht in die Quere kommen, so lange ist das Gelenk auch gesund. Da ist es wieder, das Thema dieses Buches: die gute, anatomisch funktionelle Bewegung.

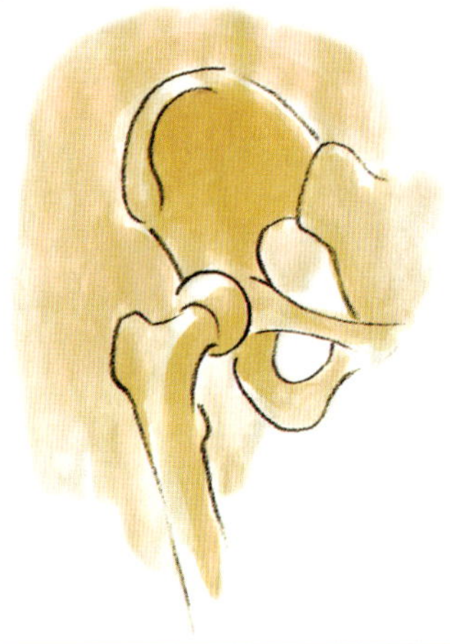

Sie kennen bestimmt jemanden, der sich schon mal den Oberschenkelhals gebrochen hat. So sieht er aus! Sie können das Sensibelchen schützen, indem Sie die skeletthaltende Tiefenmuskulatur trainieren.

Üben, fertig, los …

Und zwar mit dem beckenbodengesteuerten Beinachsentraining. Wenn Sie die Sitzbeinhöcker aktivieren, kommt Spannung in die innerste, größte Beckenbodenschicht, den Levator ani. Stellen Sie sich ein solides, tragfähiges Zwillingstrampolin vor, das sich vom oberen Rand des Steißbeins zum Sitzbeinhöcker spannt, dann zum Hüftgelenk, dann zum Kreuzbein. Zweigeteilt, links und rechts die gleiche Pracht. Am Kreuzbein geht es hinten hoch …

Wenn der dreilagige Beckenboden erschlafft ist (WEIL NICHT GEBRAUCHT), hängt er durch wie ein ausgeleierter Hosenboden. Die Muskelfasern werden dann auch mit Bindegewebe »zersetzt«. Rückeroberung ist EINFACH, EINFACH, EINFACH, weil Muskeln nämlich zum Arbeiten gemacht sind, die warten nur darauf, dass Sie Ansprüche an sie stellen.

Trainiert bildet der Levator ani eine Schale, die tief ins Becken ansteigt.

Übung

▶ Setzen Sie sich wieder an den vorderen Rand der Sitzfläche. Wenn Sie ein chronischer Schlaffsitzer sind (Sie erinnern sich, der Buchhalter), können Sie einen Ballon oder einen weichen Ball ins Kreuz legen, zwischen Körper und Stuhllehne, der hilft Ihnen im Moment, aufrecht zu bleiben.

- Sitzbeinhöcker zusammenziehen, Steißbein UND Schambein nach unten ziehen oder verlängern oder ins Polster schieben, was immer bei Ihnen als Vorstellung funktioniert. Auch die Sitzbeinhöcker ins Polster schieben.

Hebt sich Ihr Oberkörper leicht an, als würde unter ihm ein Luftkissen aufgeblasen, wenn Sie einen Längszug über den Bauch spüren, wenn Sie auch einen Längszug im unteren Rücken spüren: genau so soll es sein. Huch, Sie atmen ja nicht mehr vor lauter Aufregung, ausatmen – einatmen – ausatmen – einatmen usw.

- In die Länge hinein entspannen, die Schultern loslassen, die Rippen entspannen, nur die Spannung im Beckenraum bleibt.
- Versuchen Sie jetzt mal, die kleinen Rückwärtskreise im Becken herzustellen: Sitzbeinhöcker nach hinten-unten-vorne-hoch, links, rechts, links, rechts. Großartig!

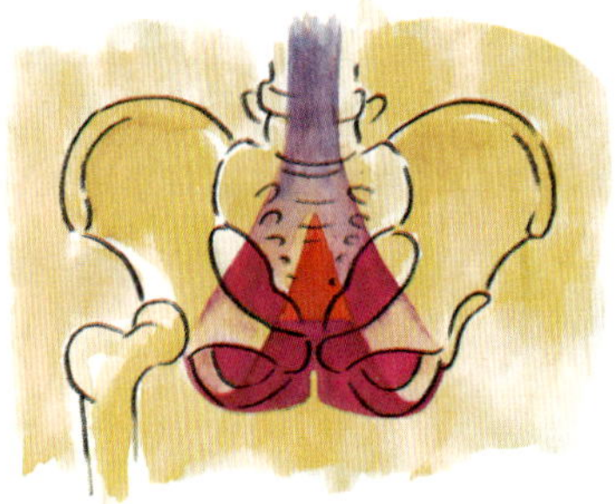

So weit reicht die Muskulatur des Beckenbodens, seitlich zu den Hüftgelenken, vorne ist sie verzahnt mit der Bauchmuskulatur, hinten mit der des Rückens.

Da lese ich gerade in »Körperbewusstsein« von Ken Dychtwald, einem »humanistischen Psychotherapeuten« aus Amerika: Das übermäßige Kippen des Beckens, die Anspannung bis hin zu Hämorrhoiden und chronischen Darmproblemen kämen alle daher, dass wir als Babys zu früh auf den Topf gesetzt wurden. Die Sauberkeitserziehung vor dem 18. Lebensmonat sei unsinnig und verantwortlich nicht nur für Verdauungsbeschwerden aller Art, sondern hemme auch den freien Fluss der Gefühle. Nach meiner Theorie bestimmt das Kind, wann es stubenrein werden will, kann. Nämlich dann, wenn es aufrecht gehen und somit bewusst über die Beckenbodenmuskulatur entscheiden kann.

Das mit den Verdauungsbeschwerden kann ich bestätigen: Wird das Becken aufgerichtet und stabil in ein aktives Muskelnetz verpackt, werden Frauen unabhängig von Abführmitteln und dergleichen, die Männer können das »Geschäft« plötzlich ohne Zeitung erledigen und sind ganz schnell wieder zurück...

Durch die Aufrichtung des Beckens werden natürlich Blockaden beseitigt, jede Gewalt, jede Missachtung unserer Identität in der Kindheit hinterlässt körperliche Spuren, chemische Rückstände. Die gute Nachricht ist: Sie können all die gestaute Energie auch wieder über den Körper zurückerobern.

Hier lernen Sie, wie Sie sich »in Länge entspannen«. Nein, das ist kein Paradox!

In gestauchten Wirbeln wird auch das Rückenmark gestaucht. Ist das Becken aufgerichtet, haben die Organe mehr Raum im Bauch, Atmen wird freier und tiefer. Ganz entscheidend ist die Vernetzung der Muskeln: Die Beckenbodenmuskulatur ist vernetzt mit jener der Hüften, des Rückens, des Bauchs. Immer wenn Sie die innere, großflächige Schicht des Beckenbodens einsetzen, lösen Sie eine muskuläre Kettenreaktion aus, die Innereien kriegen so eine Ganztagsmassage – AUCH BEIM LAUFEN. Der Darm liebt das. Auch die Prostata beim Mann, die Blase bei allen, die Gebärmutter bei Frauen – ein kraftvolles, bewusstes »Powerhaus Becken« ist die Wurzel allen Wohlbefindens.

Wenn Sie den soliden Halt dieser vernetzten Muskulatur spüren, müssen Sie auch nicht mehr »halten«, die Schließmuskeln arbeiten ökonomisch, nicht mehr verkrampft, Hämorrhoidalprobleme verschwinden oder werden zumindest gelindert. Vaginale Beschwerden beim sexuellen Verkehr gehören der Vergangenheit an. Kann ja sein, dass so viel Entspannung auch den Charakter entspannt, mir sind psychologische Deutungen der Körperhaltungen nicht geheuer, einfach weil der Körper seine Haltung sofort zum Besseren verändert, wenn man ihn nur lässt...

Setzen Sie den Beckenboden und die Füße wie bisher geübt ein, optimiert sich automatisch die Beinachse: Die Oberschenkelmuskulatur rotiert leicht nach außen, das mögen die Hüftgelenke, die Muskeln am Unterschenkel dagegen drehen nach innen. Diese gegenläufige Muskeldrehung garantiert die Stabilität des Beins.

Wenn Sie X-Beine machen, drehen tendenziell alle Muskeln am Bein nach innen. Bei O-Beinen alle nach außen. Die Anatomie hat beides nicht vorgesehen. Stellen Sie sich mal vor einen hohen Spiegel und sehen Sie nach. Erst entspannt und in alter Gewohnheit. Dann richten Sie den Fuß auf dem Großzehengrundgelenk und der Außenseite der Ferse aus, aktivieren den Beckenboden (Sitzbeinhöcker zusammenziehen), reihen das Knie entspannt über dem Sprunggelenk und unter der Hüfte ein und sehen zu, wie sich Ihr Bein verändert, wie sich die Muskulatur der Oberschenkel leicht nach außen dreht, wie Pölsterchen am Oberschenkel einfach verschwinden, wie sich der Po so ungefähr zehn Jahre anhebt… Hier haben Schlaffnuckis Heimvorteil: Untrainierte sehen meist den viel größeren Effekt als etwa Männer, die ihre Waden und Schenkel im Krafttraining oder beim Sport gestählt haben. Die prallen Muskeln halten die Stellung.

Der lange Muskel ist der Iliopsoas, der kurze sein Teamkollege Iliacus. Wenn es Ihnen bei den ersten neuen Laufschritten »in der Leiste« oder am Beckenkamm wehtut, sind es meist die Ansätze dieser Muskeln; sie müssen die neue Länge erst lernen.

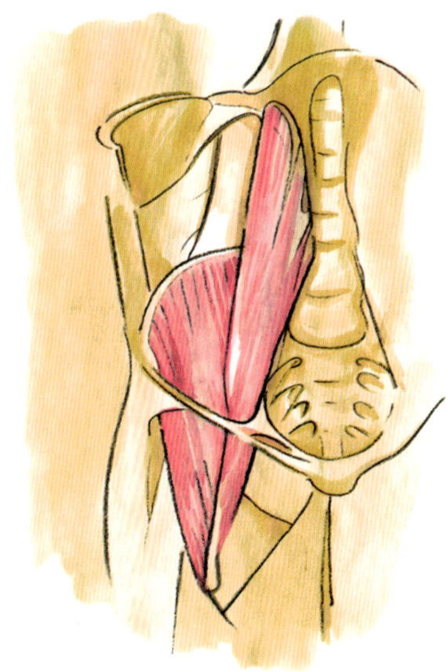

Der berühmt-berüchtigte Iliopsoas

Wenn er durch schlechte Haltung oder eine kreuzverkehrte Lauftechnik verkürzt ist, zwackt er in den Leisten: der Psoas, auf Deutsch Hüft-Lenden-Muskel, reagiert extrem auf schlechte Haltung, aber auch extrem positiv auf gute Haltungsveränderungen. Er besteht aus zwei Teilen, dem Psoas major und Psoas minor und verbindet Wirbelsäule mit Becken und Oberschenkel. Für die Beckenstatik leistet der Psoas wertvolle Dienste. Er ist ein prachtvoller Haltungswächter und gibt früh und gern Alarm, bei Hohlkreuz, bei Flachrücken und vorgeschobenem Becken. Dann zwackt er und reklamiert, vorzugsweise am unteren Rücken, wo er seinen Ursprung hat, oder in der Leiste.

Möchten Sie Ihrem Psoas auf die Sprünge helfen und ihn dehnen? Hier ist der klassische Psoas-Stretch in einer Turbovariante.

- Auf ein Polster oder Kissen legen. Bis zu den Iliosakralgelenken AUF dem Polster, die Basis des Gesäßes steht frei.
- Richten Sie das Becken schön parallel aus und achten Sie darauf, dass das so bleibt, wenn Sie jetzt ein Bein zur Brust ziehen und nach oben ausstrecken.
- Schicken Sie Energie durch die Ferse zum Himmel, das dehnt die Kniesehne intensiv und schonend.
- Das andere Bein am Boden behutsam ausstrecken, das geht am besten, wenn Sie die Ferse am Boden entlangschieben, bis das Bein gestreckt ist.
- Durch die leicht abfallende Position vom Polster kriegt Ihr Iliopsoas eine Superdehnung. Bis mindestens 30 zählen, Seite wechseln.

Der Iliopsoas wird mit seinem Teamkollegen Iliacus (Darmbeinmuskel) auch zu den tiefen Bauchmuskeln gezählt. In der Tat sind die beiden die »Bindemieder« zwischen Bauch und Rücken.

Diese Psoasdehnung zieht den Hüftbeuger-Hüftstrecker lang und macht ihn geschmeidig. Aber nur, wenn Sie sorgfältig arbeiten.

Michaela:

Ich war gestern wandern und habe, weil es mir allmählich ein bisschen langweilig wurde, die Sache mit dem Beckenrückwärtsrotieren ausprobiert. Auf dem Rückweg (langes Bergabsteigen) haben meine Mitwanderinnen bald über »Knieschnackeln« gejammert – und ich hatte überhaupt keine Beschwerden!

Ich weiß allerdings nicht, ob ich es richtig mache: Bedeutet Beckenbodenaktivieren, die Sitzbeinhöcker zueinander zu ziehen? Wenn ich das tue, bekomme ich immer einen »John-Wayne-Gang«, weil sich dann meine Oberschenkel automatisch etwas nach außen drehen. Mache ich etwas falsch?

Benita Cantieni:

Sie machen das sehr richtig, und dass Sie dabei die Auswärtsrotation spüren, ist ganz wunderbar. Halten Sie einfach die Knie über dem Mittelfuß, dann drehen sich die Muskeln richtig, ohne Knochen. Keine John-Wayne-Gefahr. Weiter so. Vertrauen Sie Ihrem Gespür, das Resultat erlebten Sie ja nun bergab.

»Sitzbeinhöcker zusammenziehen, um den Beckenboden zu aktivieren«, das ist meine Standardformulierung. Die Muskeln, die Ihre Sitzbeinhöcker zusammenziehen, gehören zur innersten, flächengrößten Schicht der Beckenbodenmuskulatur. Diese Schicht ist vernetzt mit Hüften, Beinen, Bauch und Rücken, diese Schicht schützt und bewegt das Becken bei jedem Schritt.

Die Sitzbeinhöcker sind der einfachste Zugang zu diesen Beckenbodenschichten. Wenn ich Ihnen sage: »Ziehen Sie die innerste Schicht der Pelvismuskulatur zusammen«, haben Sie wahrscheinlich kaum eine Ahnung, was ich eigentlich von Ihnen will. Oder doch?

Charlotte:

Ich habe das ausprobiert mit den Knierotationen.

Ziemlich ungewohnt, aber ich glaube, mit der Zeit geht's von ganz alleine. Ich muss allerdings meine Arme auch »rückwärts« mitschwingen. Klingt das komisch, oder ist das okay? Macht auf jedenfall irre viel Spaß, und ich habe außerdem keine Beschwerden mehr beim Laufen.

Benita Cantieni:

Hier also noch so ein kluger Körper, der nur auf die »Bewegungswahrheit« wartet!

Schauen Sie mal im Schultern-Arm-Kapitel nach (siehe Seite 104ff.) und schmecken Sie es mit Ihrem Rückwärtsschwung ab.
Es ist in der Tat eine gegenläufige Rückwärtsrotation – küssen Sie Ihren Körper für seine Intelligenz!

Kerstin:

Ich habe eine kurze Frage zur Kniescheibenrotation. Erfolgen die Kreise im Uhrzeigersinn oder dagegen?
Und noch eine zweite kurze Frage: Wird kein Außen- oder Innenband damit belastet?
Ich gehe davon aus, dass dem nicht so ist, doch würde ich mich über eine kurze Erklärung freuen.

Benita Cantieni:

Uhrzeigersinn????????? Die Viertelkreise machen Sie mit den Kniescheiben oder dem Becken rückwärts, also Kniescheibe nach oben und in die Richtung Ihres Körpers, nach meinem Verständnis also nach hinten-unten. Schauen Sie die Pfeile auf den Illustrationen an, die zeigen das genau, wie ein Rad rückwärts (siehe Seite 52) – nix Uhrzeiger. Also wird auch kein Band belastet.

Feedback von C.:

Ich bin absolut fasziniert vom Kniescheibenkreisen! Es ist erstaunlich, wie viel Leichtigkeit sofort (!) zu spüren ist.
Noch deutlicher wird es, wenn man sich gegen jede Regel bewusst krumm hinsetzt – jetzt ist alles blockiert ... der Körper ist ein komplexes System, das ineinander greift; wird eine Ecke blockiert, ist alles blockiert!

Frage von J.:

Meine Gymnastikleiterin im Sportverein sagt immer: »Bauch fest, Po fest« – vor jeder Übung. Das ist ja wohl gar nicht so falsch vom Grundgedanken her, aber ich habe mir dadurch angewöhnt, den gesamten Po und die gesamte Bauchmuskulatur anzuspannen. Das ist wohl der Grund dafür, dass ich mich schwer tue, die Feinheiten des Beckenboden zu erspüren. Mir sind die kleinen Anspannungen scheinbar zu klein!
Aber ich versuche damit weiterzuarbeiten. Die Knierotationen im Sitzen funktionieren auch schon. Und zwar rechts besser als links.
Aber wenn ich gehe, dann verliere ich das Gefühl. Ich spüre zwar, dass sich die Schulterblätter rückwärts bewegen, aber die Knie oder gar das Becken? Davon

Sinnvolle Übungen für den Rücken dehnen und kräftigen auch die über 200 kleinen Muskeln, die sich wie ein Futteral um die Wirbelsäule legen und sie schützen und stützen – auch vor großen Erschütterungen beim Laufen.

merke ich noch nichts. Ich bilde mir das jetzt erst mal einfach nur ein, vielleicht kommt das Feeling dann nach. So wie das mit dem positiven Denken ja auch funktionieren soll. Haben Sie da eventuell Erfahrungen, die mir weiterhelfen können? Bestimmt können Sie den Knoten in meinem Kopf lösen, damit ich mich auf die Feinmechanik einlassen und das Leichtlaufen entdecken kann.

Benita Cantieni:

Ihr Vergleich mit dem berühmten »Positive Thinking« ist sehr gut; die mentale Vorbereitung ist in der Tat eine wichtige Unterstützung bei der Veränderung der Körperhaltung. Ich stelle mir beispielsweise oft vor dem Einschlafen vor, was ich mit dem Körper erreichen möchte – und am nächsten Morgen kann er's dann einfach.

Aber jetzt: Ich bin ganz furchtbar sehr gegen Bauch- und Poanspannen!

Das macht die Becken-Hüft-Bauch-Kreuzmuskeln chronisch kurz, und es sperrt tatsächlich den Beckenboden in ein Gefängnis. Trainieren Sie sich die Unsitte bitte ab, damit sich Ihr Beckenboden entfalten kann. Es sind keine Minisensationen, ich habe gestern mit Andrea Tresch intensiv trainiert, und heute habe ich schöne, satte Muskelsensationen am Beckenboden, übers Gesäß, am Bauch und über die Hüften.

Sie müssen sich entscheiden, für die Arbeit nur an den verpackenden Außenmuckis oder für die an den Tiefenmuskeln. Wenn Sie sich für die Außenmotoren entscheiden – das Recht dazu haben Sie selbstverständlich –, kommen Sie traurigerweise nicht an die Becken-Knie-Rotation ran, denn die wird nunmal von den Muskeln gemacht, die dem Skelett am nächsten sind ...

Christiane:

Ihren Laufratgeber finde ich super! Ich laufe übrigens dreimal die Woche jeweils 50 Minuten.

Folgendes Problem: Obwohl ich seit vielen Jahren schon Beckenbodentraining und Callanetics mache, verliere ich beim Laufen ständig Wasser (Urin).

Woran kann das liegen – und vor allem: Was kann ich effektiv und möglichst schnell dagegen tun? Ich finde den Urinverlust unangenehm und peinlich, muss immer schwarze Hosen tragen, damit der nasse Fleck nicht auffällt.

Benita Cantieni:

Dann stimmt an Ihrem Beckenbodentraining etwas nicht und ist eben nicht CANTIENICA® Beckenbodentraining.

Eine Trockengarantie gebe ich, wenn Sie wirklich den ganzen Beckenboden trainieren (siehe Seite 73ff.) und nicht nur den Pipi-Anhaltetrick anwenden, wie das im konventionellen Beckenbodentraining der Fall ist. Dann läuft der Beckenboden mit, aktiviert sich bei jedem Schritt, und Sie werden innerhalb von drei Wochen vollkommen kontinent.

Wenn Sie mit den Übungen nicht zurecht kommen: Mein Buch »Tiger Feeling. Das sinnliche Beckenbodentraining für sie und ihn« handelt vom Beckenbodentraining vom Scheitel bis zur Sohle.

9

Aufrichten – Wirbel um Wirbel

Vertikales Körperdenken

Die Theorie ist etwa so alt wie die Wissenschaft der Anatomie: Die S-Kurve der Wirbelsäule sei ein Stoßdämpfer. Stimmt nicht. Wer die vertikale Muskulatur um die Wirbelsäule herum richtig entwickelt und täglich braucht, hat keinen Stoßdämpfer nötig. Es gibt keine Stöße zu dämpfen.

Die Wirbelsäule ist stramm in ein Futteral aus kleinen Muskeln eingepackt, und zwar so ausgeklügelt und großzügig, quer und schräg und längs verlaufend, dass es ein Leichtes ist, den Rücken 24 Stunden aufzurichten. Im Lendenbereich sind die Wirbel noch straffer eingepackt als am Brustkorb. Im Kreuz ist Stabilität wichtiger ist als Mobilität, die besorgt ja das Becken. Die Brustwirbel hingegen besitzen kleine Drehmuskeln. Die sind beim Laufen wichtig. Wenn sich das Becken anatomisch gut bewegt, setzt die Bewegung die ganze Wirbelsäule in eine spiralige Schwingung. In der Brustwirbelsäule ist das Echo dieser Schwingung, sie setzt die Schultern gegenläufig zum Becken in Bewegung. Einfach so von sich aus – wenn Sie es zulassen und nicht durch eine Sofakartoffelhaltung kaputt machen. So kann das einzig und allein der Mensch – wenn er es denn kann.

Versuchen Sie jetzt nicht, beim nächsten Waldlauf all dies über den Kopf in den Körper zu übertragen, funktioniert nicht, Sie würden über Ihre eigenen Füße stolpern und sähen aus wie eine Slapstick-Figur. Üben Sie der Reihe nach, im Sitzen, im Liegen, im Stehen, und wenn Sie dann laufen, setzt Ihr Körper alles automatisch zusammen.

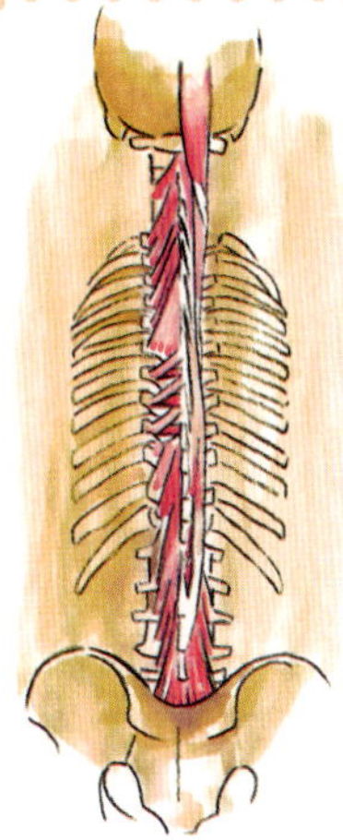

Wunderwerk Wirbelsäule: Jedes Mal, wenn Sie sich aufrichten, zwischen Beckenboden und Scheitelpunkt lang machen, dehnen und kräftigen Sie diese kleinen Stütz- und Schutzmuskeln entlang des Rückgrats. Das ist Ihre Versicherung gegen Rückenschmerzen und -schäden aller Art.

Übung

▶ An den vorderen Rand des Stuhls setzen. Füße hüftweit auseinander. Fersen senkrecht in den Boden schieben, die Minisensation an

Noch mal: Wenn sich das Becken anatomisch richtig bewegt, setzt diese Bewegung die ganze Wirbelsäule bis zum Kopf in eine spiralige Schwingung. Die Brustwirbelsäule setzt automatisch die Schultern in Bewegung, gegenläufig zum Becken. Das ist die natürliche Koordination im Kreuzgang, die aufrecht nur der Mensch kann.

den Sitzbeinhöckern aufnehmen, verstärken, indem Sie die Knöchelchen zusammenziehen.

▶ STEISSBEIN UND SCHAMBEIN nach unten schieben. Senkrecht. In die Sitzfläche des Stuhls hinein.

Wahrnehmen: Was geschieht mit dem Oberkörper? Wird der automatisch länger? Ja? Sie sind ein Naturtalent. Rippen entspannen. Den Kopf an einem goldenen Faden zum Himmel ziehen und aufhängen. Schultern entspannen.

Drückt der Oberkörper auch nach unten und blockiert die leichte Aufrichtung? Sie sind auch ein Naturtalent, einfach ein verstecktes. Ziehen Sie die Wirbel ab der Taille nach oben. Stellen Sie sich vor, die Wirbelsäule würde von beiden Enden stramm gezogen. Am unteren Ende zieht der Beckenboden. Am oberen Ende der Scheitelpunkt. He! Sie! Vertrauen Sie sich und der Welt! Sie brechen nicht zusammen, wenn Sie loslassen!

Naturtalent oder Slapstickfigur? Sie haben die Wahl.

▶ Halten Sie diese Länge, und wenn Sie im Moment den Atem anhalten, so ist das egal, Sie schnappen schon nach Luft, wenn es eng wird, jetzt halten Sie diese Länge und machen da unten mit den Sitzbeinhöckern oder den Kreuzbeingelenken oder den Kniescheiben die kleinen versetzten Rückwärtskreise. Und zwar so lange, bis die Resonanz der Bewegung vom Steißbein bis zum obersten Punkt am Kopf vibriert. Klemmt?

▶ Okay. Auf den Boden. Teppich, Fitnessmatte, gefaltete Decke.

Wenn Sie im Kreuz extrem verspannt sind, legen Sie sich auf ein Polster, und zwar so, dass ab Kreuzbeingelenk das Gesäß über den Polsterrand »steht« – es soll nicht fallen.

▶ Drauflegen.

▶ Unter den Kopf kommt ein Ballon. Das ist im ersten Augenblick wackelig. Und genau das soll es sein. Denn die künstlich hergestellte Instabilität entkrampft Ihre Halswirbel und Ihren Nacken. Zaubert auch Spannungskopfschmerzen weg.

▶ Beine angewinkelt. Füße hüftweit auseinander. Großzehengrundgelenk und Fersenaußenseite verschmelzen mit dem Boden.

▶ Ziehen Sie die Sitzbeinhöcker nach hinten-oben. Das macht ein schonendes Hohlkreuz.

Wie das Steißbein eine Resonanz an den Kopf schickt.

▶ Ziehen Sie jetzt die Sitzbeinhöcker zusammen.

▶ Das Steißbein Richtung Fersen ziehen, den Kronenpunkt in die Gegenrichtung.
Wie Seilziehen.

▶ Ziehen.

▶ Ziehen.

▶ Ziehen.

▶ Bis der ganze Rücken weich aufliegt. OHNE HOHLKREUZ, ABER NICHT ZUM FLACHRÜCKEN VERGEWALTIGT!

Denn das blanke Gegenteil dieser schonenden Langmache ist dies: Gesäß anspannen und Rücken in die Unterlage drücken. Kennen Sie. Hält sich hartnäckig seit Turnvater Jahn. Und ist eine Tortur für das Kreuz. Frauen macht es auch noch hässlich: Quadratpo und Ecktaille drohen.
Machen Sie erst dreimal Rückenlang auf die absolut rückenfreundliche Art wie beschrieben.
Und dann machen Sie die Igittversion und vergleichen.

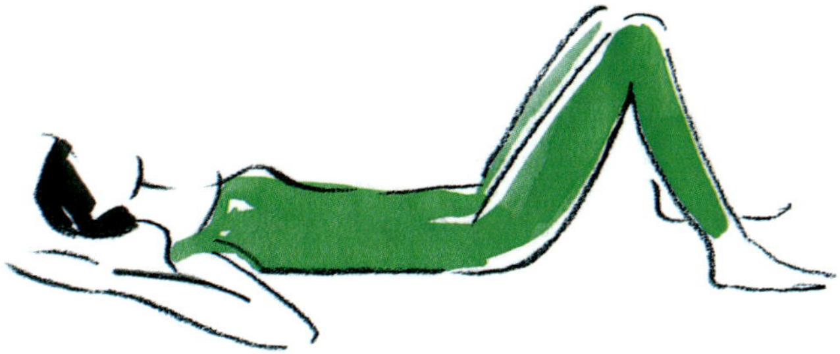

Gesäß anspannen und Bauch einziehen? Bitte nicht!

Wehe, wehe, Sie finden die brutale Rückenstauchmethode schöner als die filigrane!
Weh droht Ihrem Rücken! Mit dem Anziehen der Gesäßmuskeln geht in 98 % der Fälle ein leichtes Vorschieben des Beckens einher, auf Kosten der Lendenwirbel.

Rücken Sie sich fit

Rückenlang

- Leicht ins Hohlkreuz, Sitzbeinhöcker zusammenziehen. Steiß- und Schambein Richtung Fersen. Kronenpunkt in die Gegenrichtung.
- Rücken lang ziehen, bis das Hohlkreuz weg ist.

Ist auch die perfekte SOS-Übung bei Kreuzschmerzen.

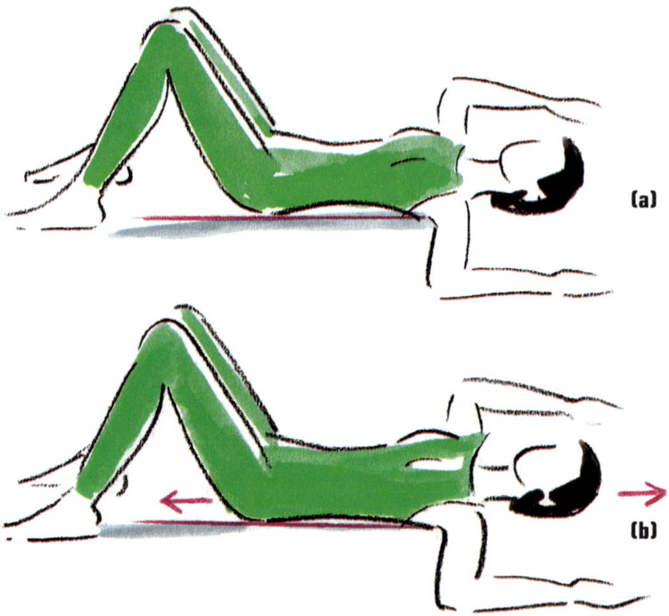

(a) Vorbereitung.
(b) Zielposition für die gesunde, wirbelfreundliche Rückenlage.

Rückenlang mit Raddampfer

▶ Zuerst mit der Übung »Rückenlang« die Wirbelsäule dehnen.

▶ Vom Scheitel bis zum Steißbein.

▶ Die Knochen auseinander ziehen.

▶ Raum schaffen für die einzelnen Wirbel. Für das Kreuzbein. Für das Steißbein. Für das Becken.

▶ Jetzt lassen Sie aus dieser Position Ihre Kniescheiben rückwärts kreisen.

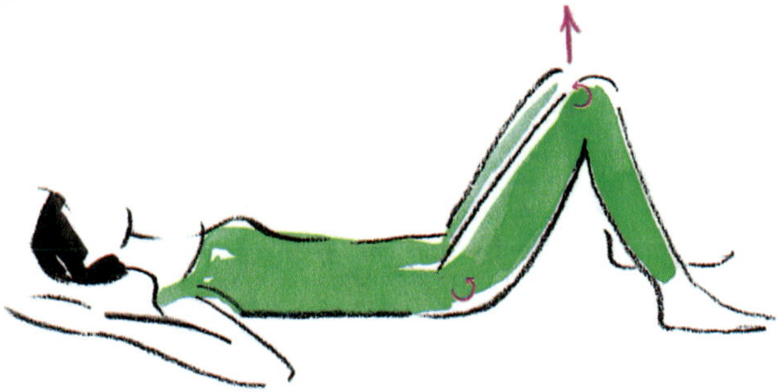

Das gute neue Laufen im Liegen üben: die Rückwärtsrotation der Beckenhälften.

▶ Nur das. Die Füße bleiben ruhig und auf dem Boden. Auch die Zehen. Nur die Kniescheiben rückwärts Kreise ziehen lassen. Rechts. Links. Rechts. Links.

Ein Trick: Legen Sie einen Gegenstand vor die Sitzbeinhöcker, eine lange, schmale Schachtel, einen dicken Holzstab, ein riesiges Buch. Arbeiten Sie so, dass die Sitzbeinhöcker diesen Gegenstand knapp berühren und bemühen Sie sich bei jedem Muskelkreis, den Sitzbeinhöckerkontakt zu spüren.
So können Sie die Muskeln auf der verkürzten Seite kontrollieren. Denn sie, die Muskeln, sind es, die Ihr Skelett verziehen. Sie bringen die Knochen nur ins Lot, wenn die Muskeln entsprechend mitmachen.

▶ Augen zu.

- Fühlen.
- Wahrnehmen.
- Nicht denken.
- Wirklich spüüüüüüren.

Überträgt sich die Bewegung zu den Sitzbeinhöckern? Was macht die Muskulatur des Beckenbodens? Können Sie die Bewegung an den Iliosakralgelenken spüren? Sind die Bewegungen auf der linken und der rechten Seite gleich? Oder ist eine Seite stärker? Geschmeidiger? Holperiger? Ein bisschen einseitig sind wir alle.

Wenn Sie eine krumme Wirbelsäule haben, wenn Ihr Becken schief steht, so spüren Sie die Ungleichheit stärker.

Sie können im Liegen die Hände zu den Sitzbeinhöckern führen und fühlen, was sich da tut.

Ermutigen Sie die schwächere Seite, von der stärkeren zu lernen. Das Wissen einfach zu übernehmen. Klingt ein bisschen komisch, wenn man das zum ersten Mal hört, aber es funktioniert. Die Gelenke kommunizieren miteinander. Die Zellen kommunizieren miteinander.

Konzentrieren Sie sich darauf, die Bewegung auf beiden Seiten rund, harmonisch und rhythmisch zu machen. Seien Sie nicht frustriert, wenn es nicht auf Anhieb klappt – der Körper lernt auch in den Pausen. Also zwischen diesem und dem nächsten Training. Schon beim nächsten Versuch wird es viel leichter gehen.

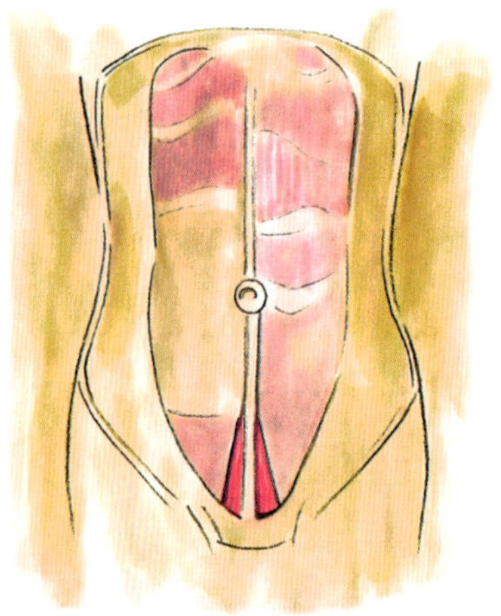

Der Pyramidalis verbindet die Muskulatur des Beckenbodens mit den großen Bauchmuskeln. Straffer Bauch fängt hier an.

Alternativübung

Wenn Ihnen die Rückenübungen auf Matte oder Boden schwer fallen, versuchen Sie es mit dem Oberkörper auf einem Polster, wie ich das bereits beschrieben habe.

▶ Grundposition: Ziehen Sie die Sitzbeinhöcker leicht nach hinten-oben, dann zusammen, so haben Sie ein geschütztes, gedehntes Hohlkreuz. Falls Sie Yoga machen: Das Prinzip können Sie in die Asanas übersetzen, verhindert die Verkürzung der Muskulatur im Kreuz und schützt die Wirbelsäule. Steiß- und Schambein Richtung Fersen ziehen, den Scheitelpunkt in die Gegenrichtung, bis die Wirbelsäule ganz ohne Druck und Zwang auf dem Polster liegt.

Erinnern Sie sich noch, wie Sie als Kind lernten? Mit viel Spaß und auch Geduld!

So, jetzt gibt es einen Bonus für Sie. Der heißt Pyramidalis und ist ein kleiner, der Name sagt's, pyramidenförmiger Muskel, der den Beckenboden mit der Bauchmuskulatur vernetzt. Wenn der Bauch hängt, ist dieser Pyramidalis daran schuld, er ist erschlafft. Erschlafft er beim Mann, ist das reine Faulheit. Bei Frauen kann schon mal der Gynäkologe daran schuld sein: Bei einer weit verbreiteten Kaiserschnitttechnik wird der Muskel durchtrennt. Die betroffenen Frauen sagen dann, sie spüren an der Stelle nichts mehr, und meist hängt der Bauch über die Narbe.

Der Pyramidalis ist so dankbar, reagiert auf jedes bisschen Zuwendung wie ein junger Hund, der für das Wurststück Männchen macht.

Der Pyramidalis gehört zum Kraftpaket Beckenraum. Trainieren Sie ihn doch gleich mit. Wenn Sie den Dreh raushaben, können Sie den kleinen Muskelprotz auch beim Laufen aktivieren. Sie erreichen da-

Kronenpunkt nach oben, Steißbein nach unten ziehen, Schambein Richtung Fersen schieben, mit dem Pyramidalis dagegen ziehen.

mit eine Grundspannung in der Bauchmuskulatur, ohne dass Sie den Bauch einziehen müssen oder sich selbst den Atem abschneiden.

Sie liegen auf dem Polster wie beschrieben und haben den Körper vertikal ausgerichtet, lang gemacht. Jetzt reisen Sie mit den Fingern zu den Leisten. Am oberen Rand des Schambeins gibt's seitlich nahe der Leiste zwei kleine Mulden. Da legen Sie die Fingerspitzen rein. Wenn Sie die Stelle nicht finden, suchen Sie den seitlichen Knochenrand des Schambeins, das funktioniert auch.

Jetzt schieben Sie das Schambein mit den Fingern nach vorn, Richtung Fersen. Das löst am Unterbauch einen kleinen Muskelzug aus, Achtung, jetzt kommt's: Nehmen Sie diesen Muskelzug bewusst auf und ziehen Sie nach oben, Richtung Nabel. Zug lösen, wiederholen, wieder hoch ziehen. 100-mal, wenn Sie mögen – und ganz schnell Erfolg sehen möchten.

Turbokraft für den Beckenboden

- Rückenlage, auf dem Boden oder der Matte. Gehen Sie in die Grundposition, wie beschrieben.
- Ein Bein zur Brust ziehen. Achten Sie darauf, dass Sie die Körperseite lang halten und nicht wie eine Ziehharmonika zusammennudeln. Dieses Langbleiben ist auf dem Polster leichter als auf dem nackten Boden.

Fersenstoßen ist fast wie Laufen im Liegen.

- Die Hüften bleiben parallel.
- Die Sitzbeinhöcker bleiben auf gleicher Höhe. Sie kennen das schon vom Psoas-Stretch (siehe Seite 77).
- Sie ziehen nur das Bein zum Körper.
- Sie können das Bein mit den Händen fassen. Schultern bleiben entspannt auf der Unterlage.
- Das zweite Bein halb ausstrecken. Ferse senkrecht auf den Boden stellen. Die Fußsohle bildet zum Boden einen rechten Winkel (ist also geflext). Jetzt alles entspannen. Die Füße, die Knie.
- Stellen Sie sich vor, das Knie würde von unsichtbarer Hand gehalten, mit einem Zug senkrecht zur Decke.
- Jetzt schieben Sie die aufgesetzte Ferse senkrecht in den Boden.
- Nicht nach vorn drücken, nicht nach hinten ziehen, einfach nur stracks nach unten.
- Zehen entspannen, die machen nichts.
- Nur die Ferse senkrecht in den Boden stoßen. Nur das. Weder das Knie noch der Fuß noch das Bein arbeiten.
- Nur Ferse senkrecht in den Boden. Und das auch nur kurz.
- Lösen.
- Wiederholen: runterschieben.
- Lö-sen.
- Schie-ben.
- Im Tempo, das Sie brauchen, um die beiden Silben langsam auszusprechen.
- Lö-sen.
- Schie-ben. Und passen Sie mal auf, was der Beckenboden dazu sagt. Richtig. Er arbeitet mit. Eigentlich arbeiten bei dieser kleinen Übung alle Muskeln des Beins vernetzt mit. Von Ferse bis und mit Beckenboden.
- Seite wechseln. Wiederholen.

Wenn Sie die Übung beherrschen, können Sie beide Beine halb strecken und eins links, eins rechts im Liegen das gute Laufen üben.

Die Ferse und die Murmel. Die Ferse und der Ballon.

Was, wenn …

- sich die Knie automatisch immer durchstrecken wollen: Legen Sie ein Kissen oder eine gerollte Decke drunter.
- die Ferse irgendwelche Kapriolen machen will und das senkrechte Runterstoßen einfach nicht schnallt: Legen Sie eine Murmel unter die Ferse. Sobald Sie fitzeln, flitzt die Kugel weg.
- der Trick mit der Murmel zu wild für Sie ist: Unterlegen Sie die Ferse mit einem Ballon. Das gibt zuerst wieder das Wackelgefühl, und darauf reagiert die Ferse mit Action.
- Sie nicht sicher sind, ob der Beckenboden mitarbeitet, weil die Nervenleitung zum Kopf durch Operationen gestört ist: Sehen Sie mit dem Finger nach, spüren Sie, wie sich der Sitzbeinhöcker bewegt.

Wann und wie oft üben

Bauen Sie diese Kontaktübungen im Liegen einfach in Ihren Alltag ein: Vor dem Zubettgehen, im Bett vor dem Einschlafen, nach dem Aufwachen gleich als Erstes, vor der Gymnastik oder der Meditation oder dem Power Nap. Je öfter Sie die Übungen machen, desto schneller lernt Ihr Körper um.

Im Sitzen laufen lernen

Es folgt eine Serie von Übungen, die alles bisher Geschriebene enthalten:

- Die ideale Fußstellung
- Die optimale Beinachse
- Die anatomisch korrekte Kniehaltung
- Das aufgerichtete Becken
- Die aufgespannte Wirbelsäule
- Den integrierten Beckenboden

Auch diese Übungen sind so konzipiert, dass sie prima in den Alltag passen. Überlegen Sie mal, wie oft Sie sitzen – zum Frühstück, zum

Zeitunglesen, im Auto oder Bus oder in der Tram oder Bahn zur Arbeit. Vor dem Computer, beim Friseur, im Café, Restaurant, Bistro, Biergarten. Im Seminar, in der Schule, im Kino, Theater, in der Oper. Trainieren Sie jedes Mal, wenn Sie sich setzen, zwei Minuten, und Sie haben die ganze Haltungskorrektur in einer Woche umgesetzt ...

Lauf, Becken, lauf!

- Hocker oder Stuhl mit ebener Sitzfläche, gepolstert oder auch ungepolstert.
- Setzen Sie sich an den vorderen Rand.
- Füße hüftweit auseinander.
- Großzehengrundgelenk und Außenseite der Ferse belasten.
- Steißbein nach unten entspannen.
- Kronenpunkt nach oben ziehen.
- Sitzbeinhöcker zusammen, um den Beckenboden zu aktivieren.
- Arme auf Schulterhöhe verschränken.
- Schultern nach außen unten entspannen, so gut es geht.

(Wenn es gar nicht geht, machen Sie einen Abstecher zur Schulterlektion auf Seite 106f. und kommen dann zurück.)

- Mit dem linken Sitzbeinhöcker einen klitzekleinen, konzentrierten Kreis nach hinten-unten-vorn-hoch zeichnen.
- Mit dem rechten.
- Mit dem linken.
- Je 300-mal, wenn Sie es schaffen.
- Versuchen Sie, die Kreise mit den Kreuzbeingelenken zu machen.

Auch im Sitzen kann man Laufen lernen, beispielsweise in der Oper oder in der Trambahn oder auf dem Rad.

Diese Variante empfehle ich allen, die mit den Iliosakralgelenken und oder dem Ischiasnerv schon Probleme haben. Ist sehr anspruchsvoll, hilft Ihnen aber sofort aus dem Muster, das Ihre Beschwerden verursacht. Sitzbeinhöcker und Beckenboden reagieren auch bei dieser Variante automatisch.

Stellen Sie sich vor dem inneren Auge vor, wie Ihr linkes Kreuzbein-

gelenk eine klitzekleine Rückwärtsrotation macht, dann das rechte, dann das linke, wie eine dreidimensionale Acht im Raum.
Falls es klemmt: Ihr oberer Rücken drückt. Machen Sie sich wieder ganz lang, die Wirbelsäule aufspannen, unten zieht der Beckenboden, oben am Scheitel der goldene Marionettenfaden.
Falls Sie bereits einen ausgeprägten Rundrücken haben und Ihnen diese Sitzübung sehr schwer fällt, trainieren Sie im Liegen weiter, bis der Rücken geschmeidiger ist.

Geschmeidige Brustwirbel 1

Wirbel ist nicht gleich Wirbel. Unser knöchernes Rückgrat ist strukturiert und abgestuft. Eigentlich hat die geniale Konstruktion mindestens so viele Ahs und Ohs von Ihnen verdient wie der neueste Porsche, Ferrari, das neueste Handy.
Die Wirbelchen am Steißbein sind längst zusammengewachsen, weil wir ja auch längst keinen Schwanz mehr benötigen, also auch nicht mehr haben. Und doch – sogar das Steißbein schwingt mit, wenn Sie das Becken beim Gehen gut gebrauchen.
Das fiel mir vor ein paar Jahren auf, als ich mit Juri, dem Sohn einer Freundin, in Griechenland schnorcheln ging. Bis dato war ich zwar eine begeisterte Wasserratte, aber ich strampelte mich ab, um unter Wasser vorwärts zu kommen.

Wie sich der Delfin in Ihnen laut und deutlich zu Wort melden kann.

An jenem Tag setzte ich den Beckenboden so richtig bewusst zum Schwimmen ein. Ich zog das Steißbein Richtung Fersen, den Kronenpunkt in die Gegenrichtung, das kennen Sie ja nun, Pyramidalis vorn hoch. Ich gab einen leichten Impuls mit der Flosse, nur ganz zart, die Beine bewegten sich fast unmerklich, gleichmäßig und rhythmisch und in vollkommener Harmonie, und ich schwöre: Ich spürte, wie das Steißbein steuerte, wie es gegengleich zum nixenzarten Flossenschlag meine Bewegung austarierte. Tiger Feeling mit Delfinwissen.
Es war ein köstlicher Augenblick, und ich gelobte nicht aufzugeben, bis sich diese Leichtigkeit auch an Land beim Gehen fand ...

Das Steißbein ist nicht einfach ein verkümmertes Stück Knochen, das der liebe Gott da vergessen oder die Evolution noch nicht weggeräumt hat. Das Steißbein ist unser Lot. Buchstäblich. Wenn Sie so gehen, wie ich Ihnen das in diesem Buch ans Herz lege, kann das Lot pendeln und eine Schwingung auslösen, die bis ins Gehirn wirkt.

Abgeschweift. Zurück. Auch die Wirbel des Kreuzbeins sind im Lauf der Evolution zusammengewachsen, vielleicht, um dem Becken mehr Beweglichkeit zu garantieren.

Die Wirbelsäule ist ein Kunstwerk. Für Bewegung gemacht.

Dann kommen die Lendenwirbel mit ihren Dornfortsätzen: ausgestattet mit Stacheln auf beiden Seiten, kleine Wirbelwehre.

Vertikal sind diese Lendenwirbel sehr flexibel. Jedes Mal, wenn Sie die kleinen Raddampferbewegungen aus dem Beckenboden und mit den Beckenhälften zeichnen, tanzen die Lendenwirbel mit. Aber kommen Sie Ihnen in die Quere, rächen sie sich. Wer diese Lendenwirbel horizontal traktiert und hin- und herschiebt, riskiert, die Nerven in den Wirbelkanälen zu verletzen. Der Ischiasnerv ist der bekannteste Wehmacher der Lendenwirbelgegend. Auch der Hexenschuss passiert durch unsachgemäßen Umgang mit der unteren Wirbelsäule. Die Bandscheiben werden gequetscht. Ja, so kommt es zu den meisten Bandscheibenvorfällen.

Hoch und schmal sind die Brustwirbel gebaut. Gemacht für die Bewegung. Wenn Sie anatomisch gut gehen, schwingt die Brustwirbelsäule, und zwar koordiniert mit dem Schritt.

Durch diese Beweglichkeit in der Brustwirbelsäule erst kommt Anmut und Grazie – und auch Geschwindigkeit in unsere Bewegung. Wären die Brustwirbel steif zusammengeschweißt, wir müssten gehen wie die Primaten, im Passgang.

Genug Theorie – das wird jetzt geübt

- Sie sitzen am vorderen Stuhlrand, wie Sie das schon kennen.
- Füße hüftweit.
- Großzehengrundgelenk und Ferse belasten.

- Die Fersen leicht in den Boden tippen und Kontakt mit den Sitzbeinhöckern aufnehmen.
- Richten Sie sich auf den Sitzbeinhöckern aus – Steißbein nach unten, Kronenpunkt nach oben oben oben.
- Rippen entspannen.
- Schultern nach außen-unten senken, OHNE die Aufrichtung im Rücken zu verlieren. Ist reine Gewohnheitssache. Über kurz oder lang werden Sie diese Position bequem finden, nicht mehr den alten Rundschlumpf.
- Arme auf Schulterhöhe kreuzen, ich nenne die Armhaltung den »fliegenden Yogi«.
- Jetzt machen Sie mit dem Becken die kleinen einseitigen Rückwärtsrotationen. Leicht. Geschmeidig.
- Mund leicht öffnen und einfach atmen lassen. Ein, aus ...
- Bei jedem Atemzug in die Länge, in den aufgespannten Körper entspannen.
- Sie rotieren weiter und weiter und warten, was geschieht. Früher oder später spüren Sie dann, wie die Beckenbewegung die ganze Wirbelsäule in Schwingung bringt. In der Brustwirbelsäule wird daraus eine kleine Gegenbewegung. Machen Sie den Beckenkreis rechts, rotiert die Brustwirbelsäule (die linke Schulter) leise nach rechts. Und umgekehrt.
- Meine Diagonalatmung kann die Vernetzung der »Bewegungsmuskulatur« unterstützen und beschleunigen: einatmen am linken Sitzbeinhöcker, ausatmen an der rechten Schulter. Einatmen durch den rechten Sitzbeinhöcker, ausatmen durch die linke Schulter.

24 Stunden aufgespannt sein? Geht ganz einfach. Wenn man weiß, wie.

Ist Ihr Rundrücken schon ziemlich sesshaft und nicht so leicht zum Strecken zu bewegen? Vielleicht hilft das: Arme auf Schulterhöhe anwinkeln und die Ellenbogen auseinanderziehen, den linken nach links, den rechten nach rechts, bis Sie vollkommen aufgerichtet sind, dann weiter wie beschrieben.

Frauen haben da einen Heimvorteil. Sind – meistens – schmiegsamer, biegsamer, beweglicher.

Männer können an diesem Körperteil ja so was von steif sein! Männer können gepanzerte Brustkörbe haben. Männer können Brustwirbelsäulen haben, die sind so steif wie wie wie wie ein Eisenstab.

Gründe? Vielleicht ging das Strammstehen über die Generationen ins Blut. Vielleicht glauben Männer, sie müssten die ganze Last der Welt allein auf den Schultern tragen. Vielleicht steckt da drin das kleine, zarte Kind, das große, starke Männer doch auch sind und nicht zeigen wollen. Vielleicht ist Turnvater Jahn schuld, der den Männern Muskelgürtel um den Körper legte.

Von Männern mit Panzern. Und wie sie weich werden.

Männer trainieren horizontal. Das gibt Muskelwürste. Die vertikale Ausrichtung fällt ihnen schwer.

Aber Sie, lieber Mann, Sie können das auch. Es wird Ihnen etwas Tänzerisches geben. Etwas Leichtes. Das ist nicht schlimm. Wir Frauen lieben das ...

▶ Einfach immer weitermachen, unten kreisen die Kniescheiben und die Beckenhälften und die Kreuzbeingelenke, es schwingt das Steißbein, die Wirbelsäule, die Brustwirbelsäule setzt das Bewegungsmoment um.

In den aufrechten Gang

Ich weiß, es gibt Laufanleitungen, die das genaue Gegenteil erzählen, dass der Brustkasten nämlich steif gehört, dass sich auch die Schultern nicht bewegen.

Erstens haben die nicht halb so gute Argumente wie ich, und zweitens funktioniert es auf Dauer nicht, wer sich steif macht, wird steif. Probieren Sie es aus und lassen Sie Ihren Körper, Ihre Bewegungsintelligenz entscheiden, was funktioniert. Denn unter den steifen Schultern, unter dem starren Brustkorb, unter dem unbeweglichen Becken wartet der ursprüngliche Bauplan Ihres Körpers auf Sie.

Geschmeidige Brustwirbel 2

Übung: Sie sitzen auf dem Stuhl, am vorderen Rand, alles wie gehabt.

- Arme auf Schulterhöhe übereinander gelegt.
- Steißbein und Schambein ziehen nach unten.
- Der Scheitelpunkt zieht nach oben.
- Zwischen allen Wirbeln ist Raum.
- Sitzbeinhöcker zusammenziehen und die Beckenbodenspannung halten, wenn Sie jetzt… aus der Brustwirbelsäule die Schultern nach rechts drehen, ganz laaaaangsam und behutsam, gleichzeitig den Kopf schwerelos nach links, mit lilienstielgeradem Hals, dann Schultern nach links, Kopf nach rechts.

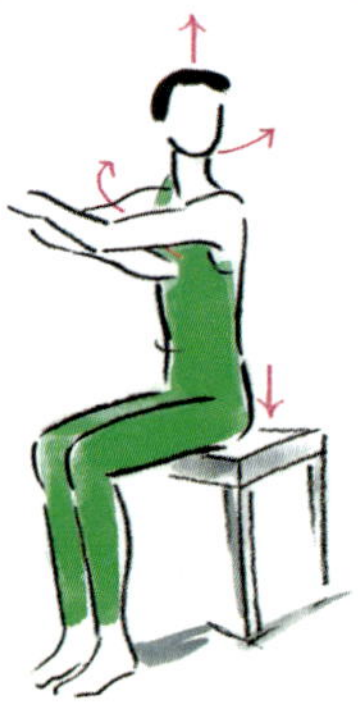

Achtung, die Schulterlinie bleibt gerade, also nicht die Schultern hochziehen!

Augen zu und hineinhören. Wenn es in den Halswirbeln knackst, haben Sie sich nicht zur vollen Länge ausgezogen.

- Zurück an den Anfang.

Sobald Sie den Dreh raushaben, können Sie beschleunigen und die Raddampferbewegungen des Beckens hinzufügen.

- In der Mitte des Brustbeins, zwischen den Brüsten, stellen Sie sich ein Scharnier vor, das die Schultern nach links dreht.
- Der Kopf dreht behutsam in die Gegenrichtung.

Ist auch eine ganz prima Übung am Schreibtisch, denn sie bringt Ihnen sofort reichlich Energie und löst Verspannungen im Schulter-Nacken-Revier.

Inga:

Ich bin 39 Jahre alt und laufe seit drei Jahren regelmäßig. In letzter Zeit bekomme ich nach dem Laufen Schmerzen im Bereich der linken Hüfte. Die Schmerzen bleiben über Tage; besonders schlimm ist es, wenn ich niese. Der Arzt meint, das seien Abnutzungserscheinungen, und ich solle mit dem Laufen aufhören. Das will ich aber nicht, weil es mir ansonsten gut tut.

Ist Beckenbodentraining eine Möglichkeit, die Schmerzen in den Griff zu kriegen? Ich habe drei Kinder, und mein Beckenboden ist vielleicht gar nicht mehr richtig vorhanden.

Benita Cantieni:

Doch, doch, Ihr Beckenboden ist schon noch vorhanden, er möchte nur etwas Aufmerksamkeit. Muskeln sind absolute Arbeitstiere und lieben es, wenn sie gebraucht werden.

Ja, Beckenbodentraining ist eine Versicherung für Ihre Hüftgelenke (ich nehme an, da sind die Schmerzen), wenn es die umliegenden Muskeln vernetzt, wie das beim CANTIENICA®-Beckenbodentraining ja der Fall ist. Referenzpunkte sind die Sitzbeinhöcker. Ziehen Sie die zusammen, geschieht das mittels der innersten, größten und wichtigsten Schicht der Beckenbodenmuskulatur. Diese Schicht zieht das knöcherne Becken unten zusammen. Die Hüftgelenkpfanne ist in dieses Becken integriert. Allein durch dieses Zusammenziehen entsteht mehr Raum zwischen Pfanne und Oberschenkelkopf. Schon das bringt Linderung. Außerdem zieht diese Beckenbodenschicht jedes Mal, wenn sie aktiviert wird, die Hüftmuskeln mit – die werden gekräftigt. Insgesamt ergibt das ein sattes Muskelkostüm für die Hüftgelenke.

Frage am Rande: Haben Sie Ihre drei Kinder als Babys auf der linken Hüfte herumgetragen? Davon haben viele Mütter schief stehende Hüften. Aber Sie kriegen das hin. Wie ich selbst – mir wollte man vor 24 Jahren ein künstliches Hüftgelenk einsetzen. Ich laufe jetzt mit dem alten besser denn je, absolut schmerzfrei, trotz Arthrose.

Sie können niesen, lachen, husten, ohne Ihr Becken in Mitleidenschaft zu ziehen und Ihre Muskulatur zu verkürzen. Das Prinzip ist denkbar einfach: Vertikal ausrichten, unten hält der Beckenboden, oben zieht der Kronenpunkt. Und dann beim Niesen dem Reflex zum »Einzwergeln« nicht nachgeben, sondern lang bleiben.

So einfach ist das ... und doch sooooooo schwer, eine reflexartige Gewohnheit aufzugeben.

Claudia:

Bin gerade voller Begeisterung durch die Fragen und Kapitel gesurft. Ich konnte leider nichts zum Thema Laufen und Schwangerschaft finden – oder habe ich es übersehen? Kann zurzeit wegen meines fünf Monate alten Juniors nur alles querlesen. Ich bin Aerobic-Instruktorin und Trainerin und habe mich während der Schwangerschaft, solange es ging, bewegt. Nach der Schwangerschaft habe ich mit Ihren Übungen wieder angefangen zu trainieren. Einfach super, weil der Beckenboden endlich richtig erklärt wird; ich integriere die Übungen auch in meine Stunden.
Welche Tipps gibt es zum Thema Laufen und Schwangerschaft, wann kann ich wieder mit dem Laufen beginnen nach der Schwangerschaft?

Benita Cantieni:

Das ist relativ einfach: Wenn Sie den Beckenboden VOR der Schwangerschaft trainierten, wenn die Tiefenmuskulatur VOR der Schwangerschaft entdeckt wurde (es gibt ja, wie Sie selbst schreiben, genug Möglichkeiten, die CANTIENICA®-Methode kennen zu lernen), können Sie während der Schwangerschaft alles so machen, wie es in diesem Buch steht, können Gymnastik machen und laufen.
Wer während der Schwangerschaft mit dem Laufen anfangen will, braucht das Okay des Arztes und/oder die Unterstützung eines Therapeuten, der mit meiner Methode arbeitet.
Alles andere wäre hier fahrlässig, denn schwanger sein und ohne integrierten Beckenboden laufen, ist schlicht gefährlich für das Baby.

Marco:

Sie schreiben beim Rückenlangmachen, dass man die Sitzbeinhöcker nach hinten-oben ziehen soll. Beim Ziehen des Steißbeins Richtung Fersen und des Kronenpunkts in die Gegenrichtung soll nun mein Rücken weich aufliegen. Ich hoffe, dass dies nicht so einfach ist, wie es sich schreiben lässt, denn mein unterer Rücken ist noch weit davon entfernt aufzuliegen.
Mache ich hier etwas falsch oder kommt bei dieser Übung ein leichtes Hohlkreuz (laut ärztlichem Urteil bei mir vorhanden) zur Geltung?

Benita Cantieni:

Wenn Sie von Haus aus ein Hohlkreuz machen, lassen Sie den ersten Schritt weg. Also Sitzbeinhöcker nicht mehr nach hinten-oben, sondern gleich Sitzbeinhöcker zusammenziehen, Scham- und Steißbein Richtung Fersen, Kronenpunkt in die Gegenrichtung.

Und dann entspannen, entspannen, entspannen, Rippen entspannen, Bauch entspannen, Brustbein einsinken lassen. Kriegen Sie hin, ich weiß das. Sonst... sonst soll Sie jemand weichstreicheln.

Wenn Sie im Hohlkreuz Krafttraining machen, dann sind die Muskeln wahrscheinlich verkürzt und hart.

Braucht einfach ein bisschen Geduld... und dann ist es noch viel einfacher, als ich es beschreibe...

Sandra:

Ich lese gerade das Kapitel zum aufrechten Gang. Ich habe da ein kleines Problem und hoffe, Sie können mir weiterhelfen. Ich habe unterhalb des Halses, da, wo der Rücken anfängt, einen kleinen, na ja, nennen wir es mal Buckel. Wenn ich also gerade stehe, dann macht mein Rücken an der kleinen Stelle an der Wirbelsäule eine kleine Wölbung. Das sieht sehr komisch aus, sodass ich, wenn ich etwas Rückenfreies trage, immer meine Haare offen lasse, damit man es nicht so sieht. Ich finde es aber ausgesprochen unästhetisch.

Meine Frage ist: Wissen Sie, woher so etwas kommt und ob ich die Chance habe, das wieder wegzubekommen? Ich würde so gerne einen geraden Rücken ohne diesen ekligen Buckel haben.

Benita Cantieni:

Haben Sie jung und schnell viel Busen gekriegt? Oder aus sonst einem Grund die Schultern nach vorn und hoch gezogen (ist leider das Laufstegvorbild und anatomischer Unsinn)?

Dann verkürzen sich nach und nach am Oberkörper vorn alle Muskeln, hinten werden sie entsprechend überdehnt, und irgendwann ist die Beule am Übergang von den Brustwirbeln zum Hals einfach da.

Machen Sie so weiter, wird wirklich ein Buckel daraus, ein chronischer Rundrücken. Der kann versteifen und die ganze Wirbelsäule krank machen.

Sie bringen den Buckel weg. Wenn Sie 30 sind und wenn Sie 70 sind. Wie? Konsequent die Haltung umprogrammieren. Alles, was Sie dafür wissen müssen, steht in diesem Buch.

Klara:

Ich versuche den Beckenboden so oft wie möglich im Alltag einzusetzen und mache auch mehr oder weniger regelmäßig Gymnastikübungen nach Ihrer Methode. Eigentlich schaffe ich es mit einer bunten Mischung von Übungen, alle spürbar verspannten Muskeln wunderbar zu lockern, bis auf die Verspannungen im Kreuzbereich!
Ich habe alle möglichen Dehn- und Bauchmuskelübungen ausprobiert, aber so eine richtig intensive Dehnung spüre ich nicht. Es muss doch wenigstens eine Übung geben, die die Muskeln im Kreuzbereich wohlig stretcht.

Benita Cantieni:

Nanu ... Das Kreuz zu strecken ist doch aber die Grundlage aller CANTIENICA®-ÜBUNGEN ... schon bei der Grundposition in Rückenlage ... da servieren Sie mir wirklich ein Rätsel!
Versuchen Sie das: Legen Sie sich bäuchlings auf ein Polster oder harte Kissen, Ihr Oberkörper ist bis zu den Iliosakralgelenken auf dem Polster, die Basis vom Po lappt über. Stirn auf die Hände oder einen Luftballon, der Nacken muss in der genauen Verlängerung der Wirbelsäule liegen. Füße aufgestellt oder unterlegt, jedenfalls nicht abgedreht. Sitzbeinhöcker nach hinten oben ziehen, bis ein gedehntes Hohlkreuz entsteht. Sitzbeinhöcker zusammenziehen, um den Beckenboden zu aktivieren. Jetzt das Steißbein nach hinten (fersenwärts), die Wirbel zum Kronenpunkt dehnen, dehnen, dehnen, bis das Kreuz eben offen ist, lang und leicht und ultra gedehnt. Entspannen, wiederholen, bis es klappt. Zwei wohlgesinnte Hände können Sie unterstützen und mit der einen Hand sanft das Steißbein Richtung Fersen, mit der anderen die Wirbel Richtung Kopf dehnen, einfach gleichmäßig vom Kreuz aus auseinander streicheln, damit Sie ein Gefühl bekommen für die neue Länge. Gesäßmuskulatur unbedingt entspannt lassen!
Ich vermute: Sie haben einen Rundrücken, der klemmt, der die Dehnung im Kreuz abbremst, blockiert. Die Muskeln im Kreuz sind chronisch verkürzt durch die Blockade im oberen Rücken. Kriegen Sie hin, wenn Sie daran arbeiten.
Ich empfehle die liebevolle Anweisung eines Therapeuten, der mit meiner Methode arbeitet. Alle Adressen finden Sie unter www.cantienica.com. Da finden Sie im Forum unter »Rückenprogramm« noch eine Menge Tipps; vielleicht löst da eine Beschreibung bei Ihnen das ent-

scheidende Klick aus. Mit leicht irritiertem Fragezeichen auf der Stirn und der Hoffnung, dass Sie dieses absolute CANTIENICA®-Basic entdecken mögen ...

Chris:

Eine Frage zum Pyramidalis: Ich habe drei Kaiserschnitte hinter mir und gehe davon aus, dass dieser Muskel durchtrennt wurde. Kann ich diesen Muskel trotzdem wie beschrieben trainieren?

Benita Cantieni:

Es gibt »Haudegen-Docs«, die sich nach dem Kaiserschnitt nicht mehr um diesen Muskel kümmern. Meine Gewährsgynäkologinnen beteuern, dass er heute meist wieder mit der Beckenbodenmuskulatur vernäht würde. Das bedeutet: Sie können ihn trainieren.

Das entspricht auch unseren Erfahrungen mit dem CANTIENICA®-Beckenbodentraining: Die meisten Frauen fühlen sich nach einem Kaiserschnitt abgenabelt von der Unterbauchmuskulatur, können aber mit Geduld die Muskulatur wieder aktivieren.

Probieren Sie es doch einfach aus, Sie spüren, sehen sofort, ob der Pyramidalis reagiert. Die auf Seite 90 beschriebene Übung arbeitet ja mit dem Trick von Zug und Gegenzug. Sie ziehen den Bauchnabel sanft in Richtung Brustbein, ohne das Becken zu kippen oder den Bauch einzuziehen. Sie können das Schambein mit den Fingern noch mehr fußwärts ziehen. Der Zug, den Sie jetzt spüren, der wird vom Pyramidenmuskel verursacht.

Anonym:

Nach diesem Kapitel bin ich mir nicht mehr sicher, ob ich die Sache mit der Aktivierung des Beckenbodens wirklich richtig verstanden habe, also: Sitzbeinhöcker zusammen, ohne das Gesäß anzuspannen, oder?

Benita Cantieni:

Ganz genau. Sie spüren die inneren Hüftmuskeln an der Basis des Gesäßes, das Gesäß – die äußeren, verpackenden Glutei – sind entspannt.

Reinkneifen. Vertrauen Sie einfach Ihren Sitzbeinhöckern, die machen das schon ganz richtig.

10

Lassen Sie doch die Schultern los

Das Kraftfeld am oberen Rücken

Das erwartet Sie in diesem Kapitel: Die Schultern. Ach, die Schultern. Ein Dauerthema. Richtig am Stamm gesetzt, ergeben die Schultern ein Muskelkraftnetz für den Oberkörper. Richtig gesetzt heißt: Zuerst die Armkugel aus dem Schulterdach lösen, dann das befreite Schulterdach nach außen-unten setzen. Die Schulterblätter warten nur darauf, für Sie zu arbeiten. Beim Laufen bedeutet die neue Ausrichtung: Schwerelosigkeit.

Schulterschluss und Schulterlogik

Da war ich also auf Vortragsreise über den Beckenboden in dieser schönen Buchhandlung in Süddeutschland. Die Publikumsrunde war klein, etwa 30 Leute, sehr aufmerksam. Irgendwann sprach ich das Wort Schulter aus und löste damit einen Einfrautumult aus. Sie saß in der fünften Reihe und rief laut: »Stimmt nicht, stimmt nicht, das ist falsch!« Beherzt sagte ich, die Schulter gehört nach außen-unten. »Nein, nein«, rief die Frau, »falsch, hört ihr nicht zu, glaubt ihr nicht, das ist falsch, was sie da sagt, das schrieb sie auch in ihrem Buch, das ist falsch!« Ich versuchte jedoch unbeirrt weiterzumachen. Da ich ein Besserlerner bin, kein Besserwisser, drehte sich das Rädchen im Gehirn, während ich weitersprach. Was, wenn die Frau Recht hat, wenn alles stimmt, was ich sage und schreibe und unterrichte, nur das mit den Schultern nicht ... Es ist unangenehm, wenn jemand eine Veranstaltung stört, und trotzdem: Danke, Sie Hitzkopf. Ich habe noch einmal recherchiert, praktisch, wie ich das immer mache, habe runde Schultern und hochgezogene Schultern angeschaut, habe eingezogene Schultern untersucht und steife Schultern in Augenschein genommen. Ich habe – selten genug – ein paar wenige beispielhaft gesetzte Schultern befühlt. Ich habe meine Schultern perfektioniert. Im Eiltempo, mit ein paar Übergangsschmerzen.
Und es stimmt. Die Schultern gehören nach außen-unten.

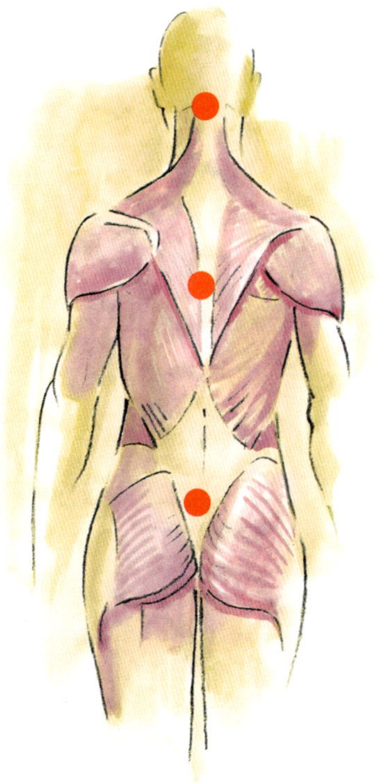

Der rote Punkt am unteren Rücken kennzeichnet den Muskelkreuzpunkt Beckenboden/Rücken. Den obersten Kraftpunkt können Sie nutzen, wenn Sie den Kopf nach hinten oben ausrichten und am goldenen Faden aufhängen. Den mittleren gibt es »geschenkt«, wenn Sie die Schultern nach außen-unten setzen.

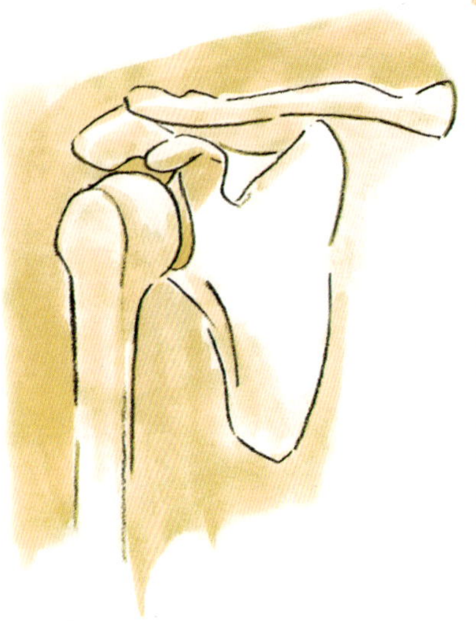

Das fragile Schulterdach, das Schulterblatt und die Kugel des Oberarms bilden zusammen das »Schultergelenk«.

Die Schultern gehören genau so aufgerichtet wie das Becken. Das macht aus Schultern und Brustkorb einen zweiten Powergürtel.

Erste Lektion: Unterscheiden Sie den Arm von der Schulter. Wenn Sie meinen, Sie hätten die Schultern verkrampft, haben Sie in Tat und Wahrheit nur das Ende des Oberarms im Schulterdach verkeilt und so die eigentliche Schulter unbeweglich gemacht.

▶ Lassen Sie die Arme mal seitlich hängen. Stellen Sie sich vor, durch den Mittelfinger fließe Blei, okay, Gold. Ziehen Sie den Kopf hoch und die Schulterblätter ganz nahe am Rücken nach unten. Die Spitzen der Schulterblätter ziehen Sie näher zueinander – ist so schwierig oder einfach wie die Sache mit den Sitzbeinhöckern.

Funktioniert auf Anhieb? Applaus! Machen Sie genau dieses beim Laufen, und Sie fühlen sich federleicht. Geht nicht? Macht nichts, ich lege ja erst los mit dem Thema Schultern.

Innenansicht

Die Schulter ist ein so genanntes Kugelgelenk. Das filigrane und recht kleine Schulterdach ermöglicht dem Arm eine ungeheure Bewegungsfreiheit, vorausgesetzt ... Sie lassen ihm die Freiheit. Das Prinzip funktioniert wie beim Knie: Lassen Sie Raum zwischen Gelenk und Dach, so können Sie den Arm in zwölf Richtungen bewegen. Leicht. Und schmerzfrei. Schiebt sich der Arm – schieben Sie den Arm – voll ins Dach, kann das Schulterdach nicht mehr ausweichen. Sitzt fest. Eingeklemmt. Starr. Tut weh.

▶ Erstens trägt sich auch hier mit den Jahren der Knorpelüberzug am Humeruskopf ab, das führt zu Arthrose.

▶ Zweitens kommen die Muskeln in ein Ungleichgewicht, einige sind chronisch überdehnt, ein paar andere dafür verkürzt.

▶ Drittens entsteht so der schmerzhafte Tennisarm. Der verantwortliche Nerv wird eingeklemmt und verkürzt. Das macht sich dann am Ellenbogen bemerkbar.

▶ Diese Fehlhaltung kann Schmerzen unter und neben dem Schulterblatt, am Nacken, um das Schlüsselbein auslösen. Sie verursacht oder unterstützt die Bildung des Rundrückens und des »Buckels« am Übergang von der Brust- zur Halswirbelsäule.

▶ Wer die Arme-Schultern immer hochzieht, zieht sie meist auch noch nach vorn. Davon wird auch noch der Nacken starr, ein Teil des Trapeziusmuskels verhärtet total und fühlt sich an wie ein Holzkleiderbügel unter der Haut. Der obere Rücken wird rund.

Zweite Lektion: Arme fallen fallen fallen fallen fallen fallen und noch mal fallen lassen. Keine Angst, sie fallen nicht ab, sie sind gut festgemacht. Dann die Schulterdächer einfach nach hinten (nach HINTEN, nicht zusammen) schieben. Schulterblätter den Buckel runterrutschen lassen und die Schulterblattspitzen zueinander ziehen.

Von vorn …

Das sieht dann von vorn so aus. In der Mitte ist eine wunderbare Hilfe eingebaut: Stellen Sie sich vor, Ihr Brustbein hänge an einem Faden wie ein Hampelmann. Sie können an diesem Faden gleichzeitig senkrecht nach unten und senkrecht nach oben ziehen. Das entspannt augenblicklich den vorderen Teil des Schultergürtels – und dehnt die kleinen Zwischenrippenmuskeln.

Können Sie sich beim Laufen immer wieder bildlich vorstellen und so Ihren Oberkörper effektiv aufrichten.

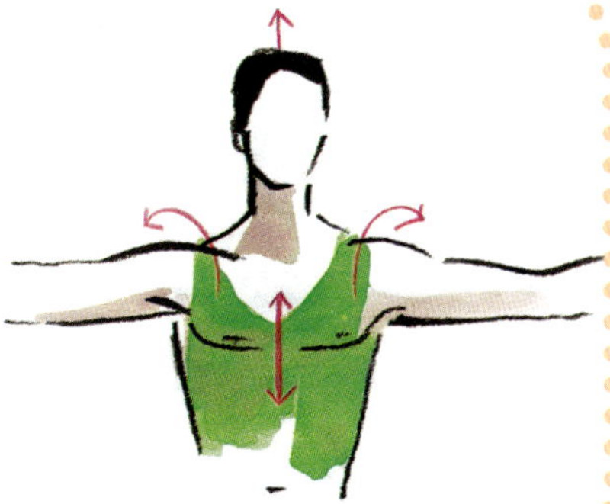

Lassen Sie Raum zwischen Armgelenk und Schulterdach – Raum für Bewegung.

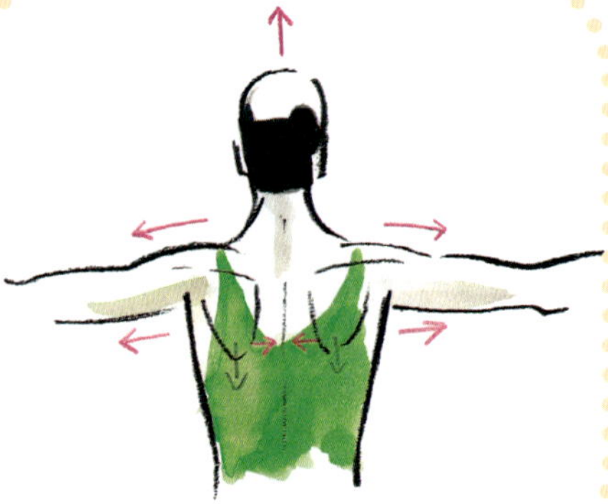

Anatomisch korrekt platzierte Schultern machen auch schön.

... und von hinten

Sie können die Arme entweder hängen lassen oder, wie in der Illustration, seitlich auseinander ziehen. Beides schafft Raum im Schultergelenk und macht die Schulterblätter oben weit.

▶ Ziehen Sie die Schulterblätter nahe an den Rücken und nach unten und die Spitzen zueinander. Sie haben den oberen Kraftpunkt erobert. Machen Sie das während des Frühstücks, beim Autofahren, im Büro, am Computer, beim Mittagessen, immer und immer wieder. So geht es über kurz oder lang beim Laufen automatisch.

Wenn der obere Teil Ihres Rückens rund ist, ist das Langdehnen leichter gesagt als getan. Ich weiß, das ist ziemlich schwierig. Deshalb hier meine absolute Lieblings-Schultersetz-Übung.

Schulterfrei mit Garantie

Im Liegen

▶ Legen Sie sich auf ein Polster oder zwei große Kissen, ideal sind Futonkissen und Yogamatten. Es geht auch mit einer großen Decke, so gefaltet, dass Ihr Oberköper bequem darauf Platz hat. Ab Kreuzbeingelenk fällt Ihr Gesäß leicht ab, nicht plumps auf den Boden, sondern einfach leicht abfallen. So hat Ihre Wirbelsäule automatisch Länge, und Sie kommen nicht in Versuchung, das Gesäß zusammenzukneifen und den Rücken in den Boden zu drücken. Denn das ist Gift für das Becken, für den Bauchraum, die Lendenwirbel und – für die Schönheit. Die Beine sind angewinkelt, Füße hüftweit auseinander, Knie über dem Mittelfuß. Gilt alles auch im Liegen.

▶ Sitzbeinhöcker zusammenziehen, Steißbein Richtung Fersen verlängern und GLEICHZEITIG den Scheitelpunkt in die andere Richtung schieben. Haben Sie einen richtigen Rundrücken und einen Bogen in der Halswirbelsäule? Bitte unterlegen Sie den Kopf mit einem Ballon. Der Kopf darf nicht nach hinten fallen.

- Arme liegen parallel zum Körper. Stellen Sie sich vor, der Mittelfinger wandere zu den Fersen, noch ein bisschen – noch ein bisschen – noch ein bisschen – das holt den Oberarmkopf aus dem Schulterdach. Jetzt ganzganzganz leicht die Ellenbogen biegen und seitlich auseinander denken-ziehen. Es ist anfangs mehr ein mentaler Vorgang als eine körperliche Bewegung. Schon das allein sollte Ihre Schultern zur Seite öffnen.
- Eine Faust machen, die Hand schaut nach unten. Sie spüren einen zarten Muskelzug über dem Handgelenk.
- Nun die Muskulatur des Oberarmes nach hinten drehen – oder nach außen, wie immer Sie es empfinden –, jedenfalls die Muskulatur des Oberarmes Richtung Rücken drehen, OHNE an der Position des Arms etwas zu verändern.
- Lösen. 20-mal wiederholen.

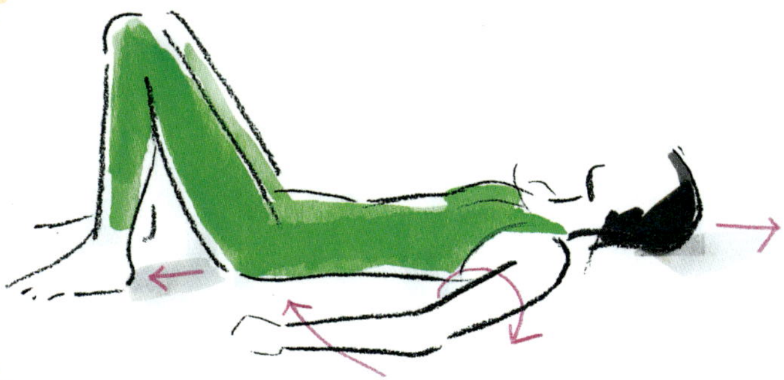

Gut gesetzte Schultern beugen Rundrücken, Steifnacken und Kopfschmerzen vor.

Was passiert? Wird der Brustkorb enger oder weiter? Was machen die Schulterdächer? Wohin wandert der Kopf des Oberarms? Spüren Sie die Schulterblätter?

Kommen die Schultern näher zum Rücken oder entfernen sie sich?
Falls sich bei der Vorstellung »Oberarmmuskeln ausdrehen« bei Ihnen nichts, aber auch gar nichts regt: Bitten Sie jemanden, Ihnen die Oberarmmuskeln – nicht die Knochen! – mit einem Tuch leicht auszudrehen: Tuch um den Oberarm legen, Enden drehen und leicht nach hinten ziehen, in der Rundung des Arms.
Wie bitte? Die Übung nicht gemacht? Klingt zu einfach? Haben Sie eine Ahnung!
Diese Schulterkorrektur ist zart und zäh. Und eine der wenigen Übungen für die Schultern, die viel Wirkung haben und keine Schmerzen verursachen.
DENN: Die Schultern neu erziehen, das ist für die meisten Menschen das Schwierigste überhaupt. Mich eingeschlossen. Was hebelte und werkelte ich an meinen Schultern herum, und wie weh tat das oft, mehr als Wohlweh.

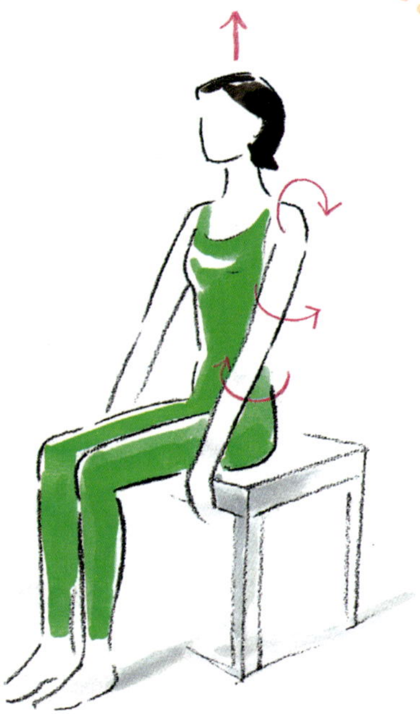

Das Prinzip der Schulterkorrektur funktioniert auch im Sitzen. Können Sie jetzt gleich beim Lesen ausprobieren.

Im Sitzen

- Stuhlrand, Sie kennen das schon, Füße hüftweit, Sitzbeinhöcker zusammen.
- Fassen Sie die Sitzfläche so, dass der Handrücken gerade nach vorn zeigt.
- Ellenbogen behutsam ausrichten, ein klitzekleines bisschen zur Seite ziehen, ohne den Arm zu beugen. Das senkt die Schultern schon mal zwei Stockwerke.
- Kronenpunkt zur Decke ziehen.
- Jetzt nur und ausschließlich und einzig die Muskulatur des Oberarms nach hinten drehen.

Wie oft? So oft Sie mögen. Immer wieder. Täglich. Das verändert die Art, wie Ihr Skelett in den Muskeln hängt. Nur das.

Zur Belohnung kommt jetzt eine raffinierte Übung, die Sie schonmal ahnen lässt, wie geschmiert und schön das dann demnächst beim Laufen läuft.

- Stoßen Sie die LINKE Ferse in den Boden, kontrahieren Sie den halben Beckenboden, nur die linke Hälfte.
- Atmen Sie ein.
- Ziehen Sie den Atem zur rechten Schulter und drehen Sie gleichzeitig den rechten Oberarm aus, wie oben gerade beschrieben.
- Wechseln.
- RECHTE Ferse, rechte Beckenbodenhälfte, LINKEN Oberarm ausdrehen.

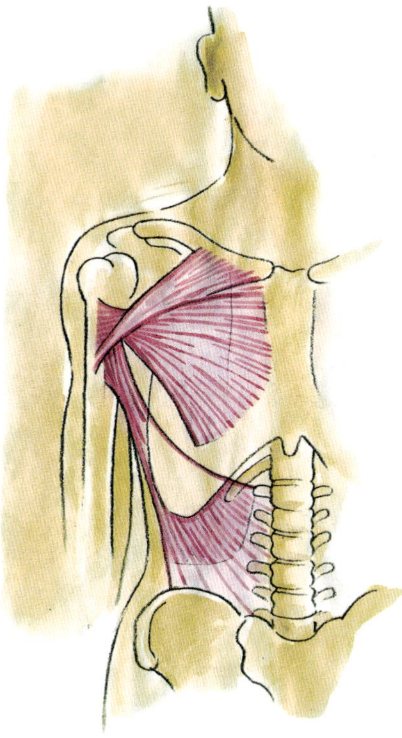

Vorderansicht der Schulter. Die Muskeln sind für hinten-unten-außen angelegt. Der große rosarote Muskel mit der Querverstrebung zum Arm heißt Pectoralis major, großer Brustmuskel. Ich würde ihn so gern in großen Schultersetzmuskel umtaufen.

Noch was für die Eitelkeit: Schön und anatomisch gut gesetzte Schultern machen Männerbrüste breit, aber nicht bullig. Und bei Frauen ist die Haltung die beste Versicherung für den Busen: Die büstenhaltende Muskulatur arbeitet 24 Stunden täglich mit. Der Busen kann nicht hängen.

Michaela:

Seit einigen Tagen versuche ich, nach Ihren Anleitungen zu gehen, zu stehen, zu sitzen ... fühlt sich gut an! Aber vor allem beim Sitzen ist meine Haltung immer mit leicht angespannten Bauchmuskeln verbunden und daher ein bisschen anstrengend.

Ist das am Anfang okay so, oder mache ich etwas falsch? Ich spüre vom Sitzbein bis zum Kronenpunkt so etwas wie eine feste »Säule« ...

Benita Cantieni:

Ist Ihr Bauch wirklich angespannt, oder outen Sie sich etwa als »Musterschülerin«?

Wenn es eine konstante Dehnung ist, also das, was zu Ihrem sehr schönen Bild mit der Säule passt: JA, DAS MUSS SO SEIN. Dieses Gefühl suche ich bei jedem Sitzen. Sie jetzt auch.

Ein bisschen bewusstes Einatmen in den Bauch und Ausatmen und Entspannen schaden dennoch nicht.

Brigitte:

Ich habe einen ziemlich großen und schweren Busen, und obwohl ich nur gut stützende spezielle Sport-BHs mit breiten Trägern trage, habe ich durch die Auf- und Abbewegung beim Laufen Schmerzen in der Brust. Hätten Sie vielleicht einen Rat?

Benita Cantieni:

Trainieren Sie Ihre Schultern so, wie ich es in diesem Schulterkapitel beschreibe. Denn Sie aktivieren mit diesem Schulterstand das gesamte Muskelnetz – vom kleinen Brustmuskel bis zum Trapezius. Dieses Muskelkorsett wird Ihren Busen mittragen; für den Rest brauchen Sie einen potenten Sport-BH.

Andersrum: Alle großbusigen Frauen, die ich kenne, lassen die Last des großen Busens nach vorn-unten ziehen. Die Schultern kommen hoch und mehr oder weniger nach vorn. Wenn Sie so laufen, reißt es die Brüste bei jedem Schritt quasi aus der Verankerung.

Die Muskulatur über der Brust wird verkürzt, am oberen Rücken wird sie chronisch überdehnt. Das führt mit der Zeit zu einem Rundrücken.

Wenn Sie die muskuläre Vernetzung der Brustmuskulatur großflächig trainieren und lernen, Ihre Schulterblätter ganz nah an den Rücken zu packen, hilft dieser »Muskel-BH« effektiv, den Busen zu tragen.

Chris:

Ich habe massive Probleme, Ihre absolute Lieblings-Schultersetz-Übung nachzuvollziehen. »Mittelfinger zur Ferse und Ellenbogen seitlich auseinander denken/-ziehen«, das bekomme ich gerade noch hin, aber die Muskulatur des Oberarms nach hinten drehen, ohne an der Position der Arme etwas zu verändern, damit habe ich schon rein gedanklich Schwierigkeiten.
Haben Sie einen Tipp, wie ich mir das bildlich vorstellen und danach nachvollziehen kann? Die Zeichnung ist für mich wenig hilfreich.

Benita Cantieni:

Verstehe ich. Und da ich Ihnen den Arm nicht führen kann ... vielleicht hilft dies: Bitten Sie jemanden, Ihnen zu helfen. Sie können ein Tuch oder eine Binde um den Oberarm schlingen und die Muskeln leicht nach hinten drehen, am unbewegten Knochen.

Eva:

Wie die Übungen, die Sie vorn im Buch beschreiben, eigentlich nahe legen, bringt die kleine Kreisbewegung mit dem Knie nach hinten natürlich das ganze Bein aus der Beckenbodenkraft heraus nach vorn. Und so bewegt man sich dann mit abwechselnd leichter Rotation der Beckenhälften nach vorn. Ist eigentlich total easy.
Ich komme gerade vom Laufen und habe das ausprobiert – und nach ca. 15 Minuten stellte sich dann dieses leichte rollende Gefühl ein (tja, 15 Minuten brauchte mein Kopf wohl noch, um loszulassen und zu vertrauen, dass es nicht wieder einen Krampf gibt).
Ich habe das Gefühl, jetzt eine Basis zu haben, von der aus sich dann auch andere Bewegungsabläufe (Fuß aufsetzen, zum Kronenpunkt immer wieder hochziehen, locker im Schulter-Brust-Bereich bleiben) entwickeln werden.

Benita Cantieni:

15 Minuten zum Umschalten von Kopf auf Körper – das ist nicht WIRKLICH lang. Bei mir dauerte es 42 Jahre!

Feedback von Marion:

Ich versuche immer mal wieder, Ihre Übungen zu machen – und die Schulterübungen passen mir bestens.
Gestern bin ich zum ersten Mal halbwegs locker über eine Stunde und kilometer-

Muskeln gepaart mit guter Haltung sind die beste Voraussetzung für federleichtes Laufen. Sie können alle Tipps in diesem Buch für die Aufspannung der Wirbelsäule und die Entspannung der Schultern auch im Fitnessstudio umsetzen.

weit gejoggt. Luftholen kein Problem, Beine waren auch ganz okay (da muss sich noch was verbessern), nur die Arme und Schultern ...

Irgendwann schliefen die Arme ein, meine Schultern sind so oder so oft verspannt. Dabei habe ich von Natur aus einen aufrechten Gang, ein leichtes Hohlkreuz vielleicht, aber nicht wirklich der Rede wert.

Bei den Übungen habe ich richtig gemerkt, wie gut das tut und wie sich meine Schultern entspannen. Das mache ich weiter! In der Hoffnung, dass ich es auch mit ins Laufen nehme. Vielleicht werde ich ja doch mal ein Läufer, auch wenn es mir nie wirklich Spaß gemacht hat.

Jan:

Mein Nacken ist so steif, wie Sie das beschreiben, auch die Schultern. Ich gehe dreimal pro Woche zum Krafttraining und bin entsprechend muskulös. Ich möchte diese Muskeln behalten UND geschmeidig sein. Geht das denn überhaupt?

Benita Cantieni:

Ja, das geht durchaus. Das »Geheimnis«: Wenn Sie immer zuerst die optimale vertikale Ausrichtung suchen, können Sie beides haben.

Ihr steifer Nacken entsteht, weil Sie die Schultern für Armübungen nach vorn ziehen. Das geht an den Kraftmaschinen ganz leicht. Ich habe noch kaum einen Mann gesehen, der NICHT kurz, horizontal trainiert – Tänzer sind dabei die Ausnahme.

Arbeiten Sie mal mit freien Gewichten vor einem Spiegel, kontrollieren Sie Ihre Grundhaltung im Spiegel, bevor Sie die Gewichte in Aktion setzen: Denn so, wie es im Spiegel aussieht, so wird auch das Resultat.

Wenn Sie selbst nicht wahrnehmen können, was schief steht oder gestaucht wird oder verkürzt wird oder bullig aussieht: Bitten Sie doch einfach einmal Frau, Freundin, Freund, Sie beim Training (scharf) zu fotografieren. Auf diesen Fotos werden Sie alles sehen, und zwar absolut gnadenlos.

Wird Ihr Hals von den Brustmuskeln nach unten gezogen? Ziehen Sie die Schultern nach vorn, bis der Hals kastenartig breit ist? Haben Sie gar ein Doppelkinn vor lauter Kurzmachen? Okay, so wird es besser: Steißbein nach unten, Kronenpunkt nach oben, Arme aus dem Schulterdach lösen, Schultern nach außen-unten setzen, Kopf leicht machen.

Die Spiegelkontrolle zeigt Ihnen jetzt das Bild eines entspannten Mannes mit schön definierten Muskeln. Halten Sie die Position, während Sie die Kilo stemmen – für lange Muskeln und geschmeidige Schultern.

11

Koordinationskünstler Arm

Er braucht viel Freiheit

Die Kugel des Oberarms und das Schulterdach bilden ein Team, das mehr kann als alle anderen Gelenke des Körpers. Um diese Fähigkeiten zu entfalten, braucht der Arm Freiheit. Von allem Druck befreit, schwingen die Arme beim Laufen mit – als Navigationshilfen fürs Gleichgewicht, wie die Schwingen des Adlers. Davon wird dieses Kapitel handeln, und davon, wie Ihre Arme diese Freiheit finden.

Kleines Experiment, um gleich auf den Punkt zu kommen:

- Sie sitzen wahrscheinlich beim Lesen.
- Legen Sie die Hände auf die Oberschenkel, Handinnenflächen nach oben, wie eine kleine Schale.
- Ziehen Sie die Ellenbogen ultrazart zu den Seiten, es ist keine äußerlich sichtbare Bewegung, sondern eine innere Ausrichtung. So.
- Jetzt ziehen Sie mal die Schultern hoch. Ohne Arme.
- Nur die Schultern. Nein, nicht die Arme.

Das ist schwer, nicht wahr?
Also: Wenn Sie chronisch verkrampfte Schultern haben, wenn Sie immer wieder unter Verspannungen am Übergang vom Hals zum Rücken leiden, wenn Sie oft das Gefühl haben, beim Schulterblatt seien Nerven eingeklemmt, dann ist entweder die Aufrichtung des Rückens miserabel oder die Armkugeln sind im Schulterdach verkeilt.
Ich bekomme in meiner therapeutischen Arbeit viele Schultern in die Hände, die sind so unvorstellbar steif, wie aus Granit, und die Träger dieser steifen Schultern können zwischen Arm und Schulterdach gar nicht mehr unterscheiden. Wenn Sie auch zu diesen Steifnacken gehören: zurück an den Anfang. Bauen Sie Kraft von unten her auf, erst dann lassen die Schultern los.
Die machen sich ja nicht grundlos so steif. Die (und Sie) sind doch nicht dumm. Die Schultern übernehmen, was anderenorts nicht gehalten wird.
Wenn Sie also den Beckenboden trainieren, die Wirbelsäule aufspannen und so die autochthone Muskulatur kräftigen, wenn Sie in dieser Aufspannung auch den Bauchmuskeln 24 Stunden pro Tag etwas zu tun geben, wenn Sie den Rundrücken gerade gemacht haben oder das Hohlkreuz gestreckt, wenn Sie die Schultern so platziert und ausgerichtet haben, wie es im Schulterkapitel beschrieben ist, dann lassen Ihre Arme gerne los, sie – die Arme – haben dann endlich Zeit und Raum, um die Welt zu umarmen.

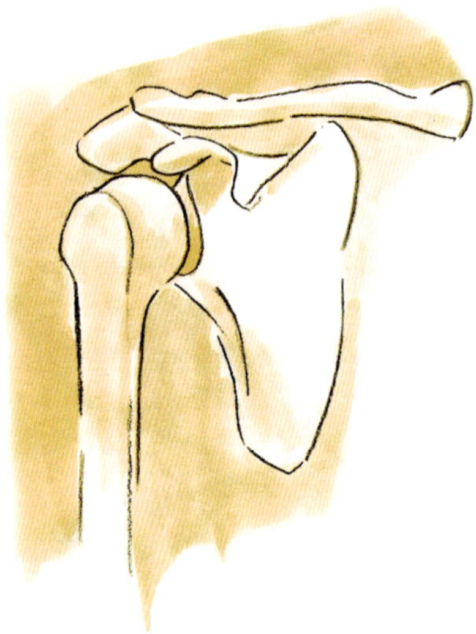

Armkugel und Schulterdach: ein tolles Team – in Freiheit.

Und mit diesem Loslassen hat es ein Ende mit

- Verspanntem Nacken
- Schulterbeschwerden
- Tennisarm
- Karpaltunnelsyndrom

Erst dann. Chronische Beschwerden in Schultern, Ellenbogen, Handgelenken treten am Ende der Kette auf, die eine chronisch unmenschgemäße Haltung auslöst. (Ausgenommen rheumatische und andere entzündliche Erkrankungen!)
Also müssen Sie zuerst das verändern, was die schlechte Haltung der Schultern verursachte. Dann stimmen die Schultern bereitwillig und gern ins neue Haltungskonzept ein. Sind ja nicht dumm, die Schultern und Sie ...

- Sie sitzen immer noch. Die Hände ruhen wie Schalen auf den Oberschenkeln.
- Setzen Sie die Schultern schön nach außen-unten.
- Jetzt stellen Sie sich vor, die Ellenbogen seien Pendel, und zeichnen Sie mit diesen Pendeln klitzekleine Kreise in der Form einer dreidimensionalen Acht nach unten. Klitzeklitzeminiminiklein.
- Die Schultern bleiben regungslos.
- Sie holen nur mit einem kleinen Trick die Armkugel aus dem Schulterdach.

Steht das Rad beim Pkw in der Radkappe an, so bleibt der Wagen stehen. Steht die Oberarmkugel im Schulterdach an, bleiben Sie leider nicht stehen. Aber eines Tages haben Sie chronische Schmerzen in den Schultern. Und daraus entsteht mit der Zeit Arthrose. Wie beim Knie. Wie beim Hüftgelenk.
Sorgen Sie dafür, dass zwischen Oberarmkugel und Schulterdach ein

Gelenkspalt ist, und »Ihre Schultern« sind/bleiben/werden gesund. Leicht gesagt, viel schwerer getan. Umso mehr, als hier plötzlich der Refrain dieses Buches nicht mehr gilt. Für den Fuß, für das Knie, für die Hüften, für die Wirbelsäule gilt: hochziehen, lang machen.

Und der Arm soll fallen. Ich verstehe Ihre Irritation. Versuchen Sie es trotzdem.

Sobald Sie Ihren Arm frei lassen, kann er mit einstimmen in das Konzert der genialen Rückwärtsrotation der Gelenke.

Erst dann. Versuchen Sie es vorher, tut's einfach nur sauweh.

- Sitzen.
- Handschalen auf den Schenkeln.
- Mit dem Ellenbogen winzige Achterpendelbewegungen nach unten machen.

Oder:

- Die Arme seitlich nach unten hängen lassen.
- Hände stehen quer zum Körper, schauen also nach hinten, Handrücken nach vorn.
- Finger tropfen zu Boden.
- Ziehen Sie mit den Mittelfingern winzige kleine Achterkreise Richtung Boden.
- Mit dem Ringfinger.
- Mit dem Zeigefinger.
- Mit dem Kleinfinger.
- Die Schultern stehen still, wie der Jochbogen beim Arbeitsochsen.
- Still. Still. Still. Still! Damit sich der Arm aus dem Schulterdach befreien kann.

In den Schultern steckt auch viel Angst. Sie fällt ab, wenn Sie einfach LOSLASSEN.

Oder:

- Strecken Sie die Arme seitlich auf Schulterhöhe aus und ziehen Sie die Mittelfinger aus der Schulter. LANG ziehen!
- Auseinander,

- auseinander,
- auseinander und noch ein bisschen
- auseinander.

Armbefreiungsaktionen

Im Sitzen

- Setzen Sie sich an den vorderen Stuhlrand.
- Füße hüftweit auseinander.

- Großzehengrundgelenk und Außenseite der Ferse sind mit dem Boden verschmolzen.
- Knie über dem Mittelfuß.
- Sitzbeinhöcker zusammenziehen, die Beckenbodenmuskulatur aktivieren.
- Steißbein nach unten.
- Scheitelpunkt nach oben.
- Schultern nach außen unten.
- Hände über dem Kopf verschränken.
- Arme ausstrecken.
- Hände ausdrehen, die Innenflächen schauen zur Decke.
- Tief einatmen.
- Beim Ausatmen die Arme wie zwei Liftkabinen am Körper nach unten schieben.

Bisher waren es vorbereitende Lockerungsübungen. Jetzt geht's zur Sache.

Ich kann auch sagen: Die Schultern nach außen-unten setzen. Das klappt wahrscheinlich leichter, ist indes nicht so ganz genau. Denn es geht ja um die Oberarmkugel.

- Kugel/Schulter wieder hochziehen und nach unten-außen setzen.

Die Arme und die Schulter spannen sich zu einem Rahmen, dazwischen kommt der Kopf leicht hoch, und der Hals wird lang.

Im Stehen

Sie können die Übung vor dem Spiegel machen, dann sehen Sie das dramatische Vorher/Nachher.

Im Stehen vor dem Spiegel geht's so:

- Füße hüftweit auseinander.
- Die Knie über den Füßen, nicht durchgedrückt, aber auch nicht gebeugt. Steißbein fließt nach unten.
- Scheitelpunkt zieht hoch.
- Zart die Sitzbeinhöcker näher zueinander ziehen und via Beckenboden das Gewicht gleichmäßig auf beide Beine verteilen. SO STEHT ES SICH IMMER GUT!

- Arme über den Kopf,
- Hände verschränken,
- Hände ausdrehen,
- Arme strecken,
- Armkugellift am Körper nach unten schieben, oder, wenn Ihnen das leichter fällt,
- die Schultern weit, weit, weit und breit nach unten setzen.

Dem Himmel entgegen – das steht Ihnen einfach gut!

Achtung: Wenn Sie die Arme nicht vollkommen senkrecht neben den Ohren halten können, sondern leicht schräg nach vorne, empfehle ich Ihnen: Gehen Sie noch mal zum Schulterkapitel, machen Sie die Übungen, die ich dort beschrieben habe, und kommen Sie dann hierher zurück.

- Schultern hochziehen.
- Arme durchstrecken.
- Schultern weit und breit nach unten setzen, ohne irgendwo nachzugeben.

Mir hilft es, wenn ich Spannung in den Armen erzeuge, als zöge ich innerlich die Ellbogen auseinander.

Wenn's im Stehen noch nicht klappt – einfach hinlegen!

Im Liegen

Es kann sein, dass die Schultern Ihre Arme aus Gewohnheit noch in der Bewegungsfreiheit einschränken.

Dann hilft es, den Armbefreiungsturm im Liegen zu machen. Sie können nur schwer ausweichen, und wenn Sie es tun, gibt Ihnen der Boden ein ziemlich hartes Feedback.

- Rückenlage.
- Kopf auf Ballon oder Tennisball.
- Füße hüftweit, Knie darüber.
- Großzehengrundgelenk und Ferse belasten.
- Fußaußenkante und Zehen entspannen.
- Knie über Fuß.
- Leicht ins Hohlkreuz. Sitzbeinhöcker zueinander ziehen.
- Steißbein und Schambein Richtung Fersen,
- Scheitelpunkt in die Gegenrichtung ziehen, bis die Wirbelsäule aufgespannt ist.
- Arme zur Decke.
- Hände verschränken.
- Ausdrehen, Innenflächen zur Decke.
- Hände genau über den Schultern.
- Hände und Schultern in die Luft hochziehen und dann beherzt nach außen-unten setzen.

Im Idealfall liegen die Schulterblätter und die Schultern leicht und weit und wunderbar auf dem Boden auf.
Wiederholen, so oft Sie wollen und so oft Sie müssen, bis Sie »das Feeling« kriegen.

Der Arm beim Gehen

Sie haben die Powermitte trainiert. Die Wirbelsäule aufgespannt. Die Wirbelsäule also auch gestreckt und gedehnt. Sie haben die Schultern weich geklopft. Und vor allem haben Sie die dreidimensionalen Kreisbewegungen in den Gelenken geübt und Sie haben Ihre Brustwirbelsäule geschmeidig gemacht.
Jetzt können Ihre Schultern auf die Kreisbewegungen im Becken gegengleich antworten.

Auch die Schultern kreisen

Es geht um die Geschmeidigkeit in den Schultergelenken.

- Sitzen.
- Füße ausrichten.
- Beckenboden aktivieren.
- Wirbelsäule aufspannen. Das kennen Sie ja jetzt. Kopf hoch, hoch, hoch.
- Zur Vorbereitung die Arme über den Kopf, Hände falten, Innenflächen zur Decke, Schultern hochziehen und zurücksetzen. Die Schulterblätter ganz eng am Rücken so weit wie möglich nach unten ziehen.
- Jetzt die Arme seitlich anwinkeln, wie Sie das beim Laufen machen. Ober- zu Unterarm ungefähr im rechten Winkel.
- Ellenbogen schwer, schwer, schwer, schwer machen.
- Zeichnen Sie mit der rechten Oberarmkugel einen winzigkleinen Kreis rückwärts,
- nach oben, hinten, unten, vorn.

Ja, richtig, bravo, die andere Schulter stellt sich freiwillig und sofort ins Startloch und will auch, also links rückwärts kreisen.

▶ Rechts, links, rechts, links.

Machen Sie diese Bewegung bittebitte mit dem kleinstmöglichen Aufwand.
Wenn sich die Schultern sofort verkrampfen wollen, zeichnen Sie die Rückwärtskreise mit dem Ellenbogen.
Es ist das gleiche Prinzip wie beim Bein: Sie können die Rückwärtsrotation mit der Kniescheibe oder gleich im Zentrum der Bewegung, dem Becken, auslösen.

Harmonie von der Sohle bis zum Scheitel: Bewegung in der Fliehkraft.

Das Zentrum der gegenläufigen Koordinationsrotation ist das Schultergelenk. Der Ellenbogen ist sein Trabant. Geht es nicht gleich im Schultergelenk, können Sie auch ausweichen und sich vom Ellenbogengelenk heranmachen.
Was passiert? Was passiert an der Brustwirbelsäule? Was passiert mit den Armen? Was passiert mit den Schultern? Dem Kopf?
Der aufrechte Gang ist eine Meisterleistung. Das kann so wirklich nur der Mensch.
Der aufrechte Kreuzgang verlangt eine gegenläufige Verschraubung.
D.h.: Die Schultern bewegen sich bei jedem Schritt gegenläufig zur Beckenhälfte, die den Schritt macht.

Sie haben die Powermitte trainiert.
Die Wirbelsäule aufgespannt. Die Wirbelsäule also auch gestreckt und gedehnt.
Sie haben die Schultern weich geklopft.
Und vor allem haben Sie die dreidimensionalen Kreisbewegungen in den Gelenken geübt und Sie haben Ihre Brustwirbelsäule geschmeidig gemacht.
Jetzt können Ihre Schultern auf die Kreisbewegungen im Becken gegengleich antworten.

Sitzen

- Füße ausrichten: Großzehengrundgelenk und die Mitte der Ferse haben soliden Bodenkontakt.
- Das Sprunggelenk ist leicht.
- Knie über dem Sprunggelenk.
- Sitzbeinhöcker aktiv zusammengezogen, Körper auf den Sitzbeinhöckern aufgerichtet.
- Steißbein fließt nach unten, Pyramidalis zieht leicht nach oben.
- Kopf hoch.
- Rippen entspannen.
- Schultern nach außen-unten.
- Ellenbogen schwer wie Blei, Oberarmkugel frei.
- Schulterblätter stramm an den Rücken und an den Spitzen auf Brusthöhe zusammengezogen.
- Brustbein entspannen.
- Lassen Sie nun die Beckenhälften kreisen.
- An nichts mehr denken.
- Einfach nur kreisen, wie Sie es durch dieses ganze Buch hindurch geübt haben.

Setzen Sie Ihren Kopf auf einen Thron – und lassen Sie ihn dort!

Wenn die Wirbelsäule frei liegt und aufrecht steht, übernehmen Ihre Schultern das koordinierte Gegenkreisen automatisch.
Sie müssen es nur zulassen.

- Rechte Beckenhälfte, linke Schulter.
- Linke Beckenhälfte, rechte Schulter.

So ist das mit den koordinierten Schultern.
Und bitte fragen Sie mich jetzt ja nicht, wie das denn sei mit der Instruktion des Guru Dingsbums, es sei die Brustwirbelsäule immer steif zu halten.
Ich will auch nichts hören von Laufpapst XY, die Schultern müssten versetzt zum Becken vorgeschoben werden.

Auch die fixe Idee des Rennprofessors, Schultern müssten parallel gehalten werden, interessiert mich nicht.

Probieren Sie das aus, was ich hier beschreibe. Es funktioniert. Es funktioniert so reibungslos, dass Ihr Körper es gern macht – sofern es der Kopf zulässt.

Die Beckenhälften kreisen, die Schultern kreisen fürs Gleichgewicht im aufrechten Gang dagegen.

Jetzt können Sie die Beine dazunehmen und im Sitzen das perfekte Laufen üben.

- Becken links kreist, die Kniescheibe links kreist mit, Fuß links zurück, gleichzeitig antwortet die Schulter rechts. Der linke Fuß geht zurück, Becken rechts übernimmt, Kniescheibe rechts folgt, Schulter links, rechtes Bein hebt sich.

Laufen Sie doch mal im Sitzen – oder: nicht denken, einfach nur Mensch sein, Körper sein.

Ist so verdammt kompliziert zu beschreiben und so unbeschreiblich einfach zu machen.

Mit etwas Übung können Sie auch das perfekte Abrollen des Fußes im Sitzen üben, babyvogelfederleicht die Ferse aufsetzen, ziemlich in der Mitte, abrollen, geschieht naturgewollt auf der Außenseite des Fußes, die Innenseite ist ja mit dem Sprunggelenk hochgezogen, Vorfuß-Quergewölbe, abstoßen mit den Zehen.

Liest sich blöde, trotzdem, probieren Sie's aus im Trockendock, im Sitzen müssen Sie Ihr Gewicht nicht ausrichten und nicht auf Stock und Stein aufpassen.

Stellen Sie sich vor, Sie seien Mittelstreckenweltmeister/in, der seinen/die ihren nächsten Wunderlauf im Sitzen übt …

Augen zu, nichts denken, einfach nur Körper sein, Mensch sein, Bewegungsintelligenz, die Beckenkreise ziehen und den Körper antworten lassen, nach oben und nach unten.

Karl:

Ich komme inzwischen mit dem »aufrechten Gang« klar, laufe täglich eine Stunde, habe allerdings immer noch heftige Verspannungen im Nacken und den Schulterblättern. Seit einigen Tagen probiere ich den »Lift« aus und auch die Standübung.
Aber: Ich fühle den Körper, beachte die Verspannungen und versuche während des Laufens, lockerer zu werden. Wenn es mir gelingt, habe ich gleich mehr Luft. Eigentlich ist das absolut sensationell, da ich so eine viel bessere Leistung erreichen kann.
Ich weiß, das ist nicht so Ihre Welt, aber ich könnte Ihnen ja berichten, wie es mir nach dem Münchner Marathon mit Ihrer Methode geht. Bisher habe ich jedenfalls schon viel gelernt von Ihnen!
Sagen Sie mir bitte noch, wie ich während des Laufens wohl Schultern und Nacken entspannen kann?

Benita Cantieni:

Sie machen das großartig. Leistung ist nicht meine Welt – na ja. Ich habe in meinen drei Berufen so viel davon, dass ich in meiner Freizeit einfach nichts Zielorientiertes tun mag, nicht golfen und nicht Billard spielen – und eben auch nicht Marathon laufen. Dass es seinen Reiz hat, bezweifle ich keine Sekunde. Ich drücke Ihnen natürlich beide Daumen.
Zu den Schultern: einfach fallen lassen. Dem Unterbau vertrauen. Vertrauen, dass der Rumpf sich schon aufrecht halten kann.
Mir hilft beim Laufen am meisten: Schultern nach außen-unten, dann die Schulterblätter richtig solide und nahe am Rücken nach unten, anzurren, die Spitzen zusammenziehen. Dann spüre ich den Kraftpunkt am oberen Rücken ganz genau – und die Schultern lassen einfach los. So wird auch der Nacken richtig angenehm frei.
Zugegeben, es ist ein bisschen wie beim Geigespielen, Autofahren und anderen Dingen in dieser Richtung: Erst verkrampft man sich – und plötzlich macht es »Klick!«, und ab da kann man es. Scheitelpunkt hochziehen, den Kopf frei auf der Halswirbelsäule schweben lassen …
Könnten Bilder helfen? Der Ball auf der Wasserfontäne. Ich mag das Bild des Klatschmohns, thront groß und breit auf dem schmalen Stiel mit dem noch schmaleren Hals …
Das kann einen Marathonläufer nicht locken? Marionettenfaden, an dem der Kopf angebunden ist? Und der lie-

be Gott bewegt den Faden höchstpersönlich, ist Stargast der Augsburger Puppenkiste? ... Auch nicht?

Okay, Lotusblume. Im Sitzen. Stellen Sie sich vor, Sie zeichnen mit dem Kronenpunkt oder mit Mister-Spock-Ohren klitzekleine, eng gewirkte Girlanden Richtung Himmel. Ohne Ehrgeiz, klein und leicht und fast unsichtbar.

DOCH! DAS KLAPPT IMMER! Mit dieser Girlande können Sie erleben, dass Sie die Position des Kopfs manchmal nur ein Millimillimeterchen verschieben müssen – und schon ist die ersehnte Leichtigkeit da.

Sie können diese Girlande natürlich auch im Bett im Liegen machen. Dann wissen Sie, der Kopf kann nicht weit fallen, und vertrauen der neuen Leichtigkeit vielleicht eher ...

Man hat uns das ja auch nachhaltig eingebläut: ohne Fleiß kein Preis, Erfolg dem Tüchtigen, das Leben ist hart – nun soll es plötzlich leicht sein. Das ist schon eine Herausforderung für einen Nacken wie den Ihren ...

Anonym:

Werden die Arme beim Laufen angespannt, und in welchem Winkel bewegt man sie bei jedem Schritt?

Benita Cantieni:

Sie setzen die Schultern und Armkugeln wie beschrieben – das ergibt einen Grundmuskeltonus, aber keine Anspannung. Sie halten die Arme beim Loslaufen in einem 90-Grad-Winkel. Der Rest geschieht von selbst.

Feedback von Karl:

Heute wollte ich Ihnen nur sagen, dass ich meinen persönlichen, idealen Weg mit Hilfe Ihrer Methode gefunden habe und damit sehr zufrieden bin. Die schlimmen Verspannungen im Schulter- und Nackenbereich lösten sich auf, als ich merkte, dass ich die Arme zu nahe am Körper führe. Etwas mehr nach außen-unten – und schon war es wesentlich besser.

Ich werde Ihnen nach dem Lauf in München berichten, wie sich ein Marathonläufer fühlt, der drei Monate vorher das Laufen lernte.

Marion:

Momentan habe ich mal wieder ganz heftige Verspannungen in der Schulter. Tut schon beim leichten Berühren weh. Wissen Sie eine gute, einfache Übung, die mir da Linderung bringt?

Durch das Handballspielen sind meine Schultern wirklich oft nach dem Training in Mitleidenschaft gezogen, und der Rücken schmerzt auch mal. Wie lange braucht es denn, bis ich das Programm so richtig verinnerlicht habe?

Benita Cantieni:

Die allllerallllllerbeste Übung steht hier im Schulterkapitel. Kurzform: Sie liegen auf dem Rücken, mit »Rückenschmeichlerlangmache« und allem, Sie wissen schon ... Arme parallel zum Körper seitlich ausgestreckt. Nehmen Sie zwei schwere Hanteln in die Hand, das hilft, die Hand nicht mehr zu bewegen. Dann innerlich mit Schmetterlingen die Ellenbogen auseinander ziehen, die Muskulatur der Oberarme ausdrehen, ohne die Arme oder die Hände in ihrer Haltung zu verändern. Ist klitzeklein und subtil und effizient, zieht die Oberarmkugel aus und nach hinten-unten, löst das Schulterdach und, und, und ... Wenn Sie das Prinzip intus haben, können Sie es im Sitzen und im Stehen jederzeit und unbemerkt machen.

Und schauen Sie überhaupt im Schulterkapitel noch mal nach, denn da erkläre ich, dass eigentlich die Oberarmkugel die Schulter in Gefangenschaft nimmt. Für Sie ist die Schwierigkeit, ein neues Muster ins Handballspiel zu importieren. Sie spielen ja, wie Sie spielen, weil Ihnen das mal Vorteile brachte. In der Hektik des Spiels gewinnt die Gewohnheit Oberhand. Trotzdem, Sie kriegen das hin: Stellen Sie sich ein Miniprogramm von fünf Minuten zusammen und machen Sie die Schulter-Arm-Übungen jeden Tag dreimal – und vor und nach dem Spiel. Dann wird das neue Muster früher oder später zur Gewohnheit. Auch wenn es kein Trost ist: Wer unter akuten Schmerzen leidet, lernt schneller als jemand, dem (noch) nichts wehtut ...

Elisabeth:

Wenn ich versuche, die Armkugeln aus dem Schulterdach zu lösen, fühlt sich das rechts, wo es auch immer schmerzt und bis zum Ellenbogen zieht, wie eine Blockade oder ein beleidigter Nerv an. Ich spüre sehr wohl die Schulterarbeit, habe aber nicht das Gefühl, als käme ich am Ziel an. Ich hatte vor einem Jahr genau dort eine medizinisch nicht abklärbare »Nervenentzündung«, die teil- und zeitweise sogar meine Arme gelähmt hat. Seither habe ich rechts nicht mehr die volle Greifkraft in den Händen. Blockiert hier ein Muskel/Nerv/eine Sehne

die »Trennung« Arm/Schulter? Ein Hineinarbeiten in diesen Schmerzpunkt löst sofort diese Kribbellähmungsreaktion in den Armen aus und fühlt sich nicht wie ein Wohl- oder Entwicklungs-Weh an ...
Auf die Gefahr hin, dass Ihnen dieses Feedback schon langweilig wird: Erst durch Ihre CANTIENICA®-Methode werde ich immer besser darin, MIT meinem Körper zu arbeiten und nicht GEGEN ihn. Habe kapiert, dass man wirklich etwas ändern kann, auch wenn es mühsam ist.

Benita Cantieni:

Feedback wird NIE langweilig, schon gar nicht ein so differenziertes!
Die Schultern. Ja, da laufen die Nerven durch, die den Tennisarm verursachen. Und noch ein paar andere. Die Nervenbahnen stammen ja noch aus unserer Zeit als Vierbeiner, die Hände und Arme werden aus den Halswirbeln innerviert. Die Schultern setzen IST das Schwierigste und Anspruchvollste von allem.
Haben Sie die Schultersetzübung im Liegen ausprobiert? Die mit dem Ausdrehen der Oberarmmuskulatur meine ich. Das ist die sanfteste, die ich bisher entdeckt habe. Immer erst so die Schultern setzen und dann die Oberarmkugel rausziehen, sanft und ultrawenig, ultrawenig.
Wenn der Schmerz einsetzt, sofort die Oberarmkugel ein bisschen verschieben nach hinten, nach unten und ENTSPANNEN, so gut Sie nur können – und noch ein bisschen mehr. Alle Armmuskeln entspannen, ALLE!
Ich verstehe, dass die Schmerzerinnerung sofort verkrampfen lässt. Einatmen, ausatmen, dranbleiben!
Was passiert im Sitzen, wenn Sie nicht an den Oberarm denken, sondern den Ellenbogen fallen lassen, die zarten Girlandenachter nach unten DENKEN? Denken, nicht schrauben. Die Bewegungen sind fast unsichtbar klein.
Vermutlich sind rechts die Strukturen verkürzt. Helfen Sie nach, indem Sie die Schlüsselbeine ausstreichen, immer von der Mitte zur Schulter, dann das Brustbein gleichzeitig nach oben und unten; und schließlich ziehen Sie die Rippen auseinander, die oberen nach oben, die unteren nach unten.
Diese sanfte Dehnung der Muskeln am Schultergürtel sollte eine sofortige Entspannung auslösen. Versuchen Sie das mal in aller Ruhe.
Wenn alles nicht hilft, empfehle ich Ihnen eine Privatlektion bei jemanden, der mit meiner Methode arbeitet. Die Adressen finden Sie im Internet unter www.cantienica.com.

Vera:

Holzkleiderbügel – die Dinger kenne ich! Vor allem, wenn ich stundenlang am Stück am Computer arbeite, wird das Muskeldreieck neben dem Hals steinhart und schmerzt. Ich kann mich dann überhaupt nicht mehr entspannen. Wie kann ich besser sitzen?

Benita Cantieni:

Kleben Sie viele bunte Post-it's an Stellen, die Sie sehen, wenn Sie am Computer arbeiten. Schreiben Sie »Arme fallen lassen« und »Schultern nach außen-unten« und »Ellenbogen schwer machen« und »Kopf am goldenen Faden hochziehen« darauf. Und jedes Mal, wenn Sie so einen Zettel sehen, machen Sie, was darauf steht.

Machen Sie alle 20 Minuten eine kleine Pause, stehen Sie auf, gehen Sie umher, Schultern schütteln, eine Übung aus diesem Buch machen.

Verändern Sie die Art, wie Sie sitzen. Ich sitze eigentlich immer nur noch am vorderen Rand. Das erleichtert das Aufrichten. Sobald ich die Lehne spüre, wird die Haltung nachlässiger. Legen Sie einen weichen, kleinen Ball zwischen sich und den Stuhl. Wechseln Sie immer einmal zwischen Petziball und Stuhl ab. Wenn es geht, auch einmal im Stehen arbeiten. Was ich sagen will: Wenn Sie die Veränderung wollen, geschieht sie auch. Heute ein bisschen, morgen ein bisschen – und bald ist es die neue Natur.

Feedback von Sabine:

Als ich die Überschrift zum Armkapitel sah, dachte ich: Die Arme haben doch nichts mit Leichtlaufen zu tun! Ich probierte »einfach so« die Übungen und entdeckte, dass meine Arme alles andere als frei sind. Da ist alles ineinander verkeilt. Jetzt übe ich konsequent jeden Tag, und ganz allmählich spüre ich die einzelnen Teile, den Arm, das Schulterdach, die Schulterblätter.

Ich ahne, dass die Arme die Leichtigkeit erlernen können, und glaube jetzt einfach mal, dass sie auch mitlaufen, wenn ich sie lasse.

Meine Spannungskopfschmerzen sind schon weniger geworden, und ich beiße auch die Zähne nicht mehr so oft aufeinander. Es wird alles leichter!

12

Kopf hoch macht das Laufen leicht

Er hängt am goldenen Faden

Darum geht's: Der Kopf ist viel zu schwer für den Hals. Er soll sich selbst tragen. Dafür ist er in ein gewaltiges Muskelnetz eingepackt. Wenn Sie ihn dann noch nach hinten-oben ausrichten und am goldenen Faden aufhängen, so ist die Hauptsache gut. Jetzt kann der Kopf in der Bewegung frei schwingen. Und es kann gut sein, dass Sie ein paar chronische Verspannungen einfach loswerden!

Mikrokosmos Kopf

Die Lendenwirbel sind breit, mit Dornfortsätzen zur Seite. Die Brustwirbel verjüngen sich nach oben, sie haben zum gegenseitigen Schutz senkrechte Dornfortsätze, die sich wie die schönen alten Dachziegel übereinander schichten.

Die Halswirbel sind schmal und haben kleine Dornfortsätze, wie kleine Schwänzchen, der Hals muss die Bewegungen des Kopfes ausbaden.

Der Schädel thront auf einem Wirbel, der Atlas heißt. Der Atlas ist durch ein senkrecht verlaufendes Spezialgelenk mit dem zweiten Halswirbel, dem Axis, verbunden.

Der Atlas macht wie eine Vier-Richtungen-Wippe alles mit, was der Kopf will, der Axis wacht darüber, dass die Achse stimmt – der Name sagt's.

Vom oberen Rücken her breiten sich vier Muskelpaare symmetrisch aus und halten den Kopf wie eine große Muskelhand. Diese Muskeln sind eigentlich gedacht, den schweren Kopf (6 bis 6,5 kg, unabhängig vom Gewicht der Gedanken ...) zu tragen. Wenn Sie sich eine schlampige Kopfhaltung angewöhnt haben – die häufigste und schlimmste ist die, den Kopf im Nacken auf den Halswirbeln abzustellen, dann muss die Halswirbelsäule diesen Druck von oben ausbaden, beim Laufen heißt das: Schläge abpuffern.

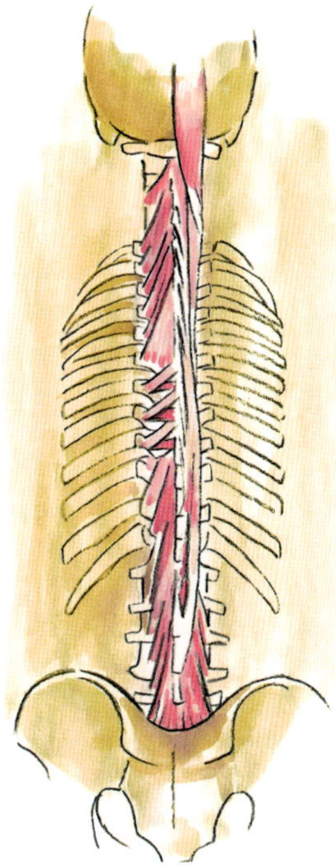

Wer vom Laufen oder unmittelbar nachher Kopfschmerzen kriegt, macht genau das: Den Kopf in einer unnatürlichen Achse auf den Halswirbeln aufschlagen lassen.

Hängen Sie sich auf – den Kopf an einen goldenen Faden! Lassen Sie den Kopf und die Gedanken frei ...

Die Alternative kennen Sie schon: Stellen Sie sich vor, der Kopf sei an einem goldenen Faden am Himmel angemacht. Dieser konstante,

Das Gewicht ruht auf dem Beckenboden, beide Beine werden gleichmäßig belastet. Die Wirbelsäule ist aufgespannt. Der Kopf thront.

leichte Zug (24 Stunden am Tag) reicht, um die Verbindungsmuskeln vom Hals zum Kopf zu trainieren.

Wenn Ihnen das im Stehen anfangs schwer fällt: Legen Sie sich auf den Rücken und den Kopf auf den leicht gefüllten Luftballon. Ziehen Sie den Kronenpunkt erst nach hinten, das biegt die Halswirbelsäule leicht, dann ziehen Sie den Kronenpunkt lang und gerade und unten gleichzeitig das Steißbein in die Gegenrichtung.

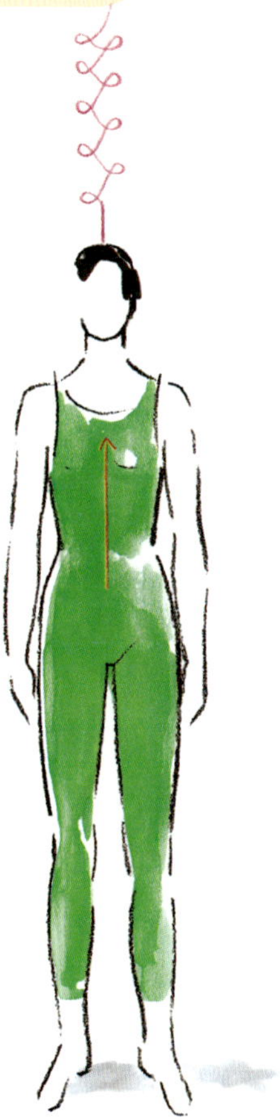

- Hals hohl machen, lang ziehen. Das gleiche Prinzip, das Sie schon kennen, um das Kreuz zu dehnen und die Muskeln des unteren Rückens in Aktion zu setzen.
- Hals verkürzen, Hals lang machen. So werden eingerostete Wirbelgelenke wieder geschmeidig. Ziel ist selbstverständlich, die Halswirbelsäule lang und leicht zu tragen – die Verkürzung dient lediglich der Übung.

Übung im Sitzen (oder Stehen)

- Grundposition sorgfältig aufbauen. (Sie wissen nicht, was damit gemeint ist? Okay, dann fangen Sie halt am Anfang des Buches an. Bis Sie wieder hierher gelangen, wissen Sie es bestimmt.)
- Also nochmal: Grundposition sehr sorgfältig aufbauen.
- Kopf am goldenen Faden aufhängen.
- Das Kinn steht im rechten Winkel zum Hals.
- Der Kopf schwebt auf dem Atlas wie ein Ball auf einer Wasserfontäne.
- Halten Sie zwei Finger hinter die Ohren.
- Sie finden da eine deutliche Vertiefung.
- Drehen Sie die Finger wie einen Schrauben-

zieher, Sie spüren, wie sich der Schädel noch mehr aufrichtet. Halten Sie den Kopf so und machen Sie mit dem Schädel winzig kleine Achterbewegungen vom Atlas weg Richtung Decke.

Winzig wie das Köpfchen einer Ameise.

Wenn Sie mit der Vorstellung Mühe haben, machen Sie winzige Girlanden vom höchsten Punkt am Kopf (Kronenpunkt) nach oben.

Oder Sie stellen sich vor, Sie haben die berühmten Spitzohren von Mister Spock aus dem Raumschiff Enterprise, und Sie zeichnen kleine dreidimensionale Kreise mit den Spitzen dieser Ohren senkrecht nach oben.

Schultern nicht hochziehen – im Gegenteil: Die bleiben schön außen-unten und schön entspannt.

Diese Achterbewegungen mit konstantem Zug nach oben sind genau die Bewegungen, die der Kopf im Idealfall beim Laufen macht.

So läuft der Kopf

Beim perfekten Laufen zieht das Steißbein nach unten, der Kronenpunkt nach oben. Wenn Sie mit den Zehen den Vorfuß abstoßen, setzt sich dieser Abstoß durch den ganzen Körper fort, bis in den Kronenpunkt. Mit den abstoßenden Zehen zieht auch der Kronenpunkt, zieht den Körper aus der Schwerkraft in die Fliehkraft. Wie ein gespannter Flitzebogen.

Auch die Haltung des Kopfes folgt den Gesetzen der Fliehkraft.

Bei den Weltklasseläufern können Sie das beim Start beobachten: Bei »Goldschuh« Michael Johnson war die Ferse direkt mit dem Kronenpunkt verbunden, er wuchs bei jedem Schritt. Perfekt.

Versuchen Sie es mal beim Treppensteigen, da kriegen Sie dieses Feeling am leichtesten: Wenn Sie breite Stufen haben, gehen Sie mit dem ganzen Fuß drauf und stoßen aus der Ferse, bei kleiner Stufe stößt der Vorfuß ab, am Kronenpunkt ziehen – und so ultralang auf die nächste Stufe. Noch effizienter ist die Übung mit einem schweren Buch auf dem Kopf, das nicht runterfallen darf.

Martina:

Sobald ich anfange zu laufen, wächst die Verspannung im Nacken (rechts) immer mehr, und ich bekomme so starkes Kopfweh, dass meine rechte Gesichtshälfte wie taub ist und ich den so genannten Tunnelblick bekomme. Ich muss dann langsamer laufen bzw. ganz aufhören, weil meine Schmerzen immer schlimmer werden.

Was mache ich falsch? Ich achte sehr darauf, vorher auch Lockerungsübungen zu machen und beim Laufen die Verspannung zu lösen.

Benita Cantieni:

Das klingt ja unangenehm! Ich denke, dass die konsequente Aufspannung der Wirbelsäule mit der daraus resultierenden optimalen Kopfhaltung Ihr Problem lösen wird. Ihr Skelett, also die Knochen, werden mit dem neuen Muster anatomisch richtig und ökonomisch gehalten, Nerven werden nicht gereizt, Sie wippen beim Laufen also weder auf und ab noch vor und zurück ...

Laufen Sie langsam, bis Sie die neuen Muster integriert haben – wobei dieses Langsam sich nicht auf Ihre Bewegungen bezieht, sondern auf die Strecke, die Sie zurücklegen.

Juliane:

Waren sie schon mal Wattlaufen an der Nordsee? Das Watt ist mal weich, mal hart, manchmal sinkt man sogar bis zu den Knien ein. Herrlich bei schönem Wetter! Aber joggen kann man darin nicht so richtig, das Tempo bleibt eher niedrig, schon wegen der Muscheln, an denen man sich schneiden könnte, wenn man nicht aufpasst.

Zum Thema: Ich versuche nun schon seit drei Wochen Ihre Tipps umzusetzen, aber beim Beckenboden weiß ich immer noch nicht, ob ich es richtig mache; ich spüre im Sitzen zwar die Aktivierung desselben, aber beim Laufen bleibt kein Gefühl übrig, das mir Sicherheit gibt, ich mache es richtig. Den Kopf an den goldenen Faden aufzuhängen ist einfach; die Schultern fallen zu lassen dann schon wieder schwierig.

Benita Cantieni:

Stimmt, Laufen im Watt ist köstlich!

Zum Beckenboden beim Laufen: Üben Sie eben im Sitzen und Liegen, bis Sie ein Gefühl dafür kriegen! Wenn Sie die Rückwärtsrotation aus den Kniescheiben machen, folgt der Beckenboden automatisch. Anfangs vielleicht nur für ein paar Minuten, aber schon bald geht es doppelt so lang und demnächst dann doppelt doppelt.

Ist wie beim Baby, wenn es den aufrechten Gang entdeckt; es denkt auch nicht sofort an den New York-Marathon, es fällt um, vergisst für ein paar Stunden, dass es laufen kann, steht dann auf und macht es einfach, jedes Mal länger und sicherer ...

J.:

Wie sitzt man eigentlich beim Autofahren gut? Wenn ich mich im Wagen aufrichte, stoße ich an die Decke. Und der Sitz fällt nach hinten ab, da hängt der Rücken sowieso durch.

Gibt es nicht auch kleine Übungen, die man während der Fahrt machen kann? Autofahren ist so langweilig – und danach tut mir immer der Rücken weh.

Benita Cantieni:

Autofahren ist in der Tat ein prima Beckenbodenstudio: Schieben Sie die Sitzbeinhöcker tief ins Polster und richten Sie dann Wirbel um Wirbel am Polster auf. Ziehen Sie die Sitzbeinhöcker leicht zusammen, einfach für einen Grundtonus im Beckenboden. Dann kuppeln Sie nur aus dem Beckenboden (BB), geben aus dem BB Gas und bremsen mit dem BB. Das wird noch verstärkt, wenn Sie einen Tennisball genau unter den Damm legen.

Nebenwirkung: Die konstante Vibration der Wirbelsäule hält wach, steigert die Konzentration, Sie werden nie müde. Nun haben Sie dazu aber das falsche Auto, stoßen mit dem Kopf an der Decke an ... oder können Sie mit dem Sitz noch ein bisschen tiefer gehen?

Feedback von Silke:

Keine Frage, nur ein aufrichtiges, bewunderndes WOW! Lieben herzlichen Dank im Namen aller Leser!

In Zeiten, in denen andere oft selbst ernannte Fitnessexperten mehrere tausend Euro für die bloße »Guru«-Anwesenheit verlangen, nehmen Sie sich die Zeit, jede einzelne Frage individuell, geduldig und kompetent via Internet zu beantworten. Und das ohne Kostenbeitrag!

Benita Cantieni:

Na ja ... aber ... wenn ich nicht ein paar Bücher verkaufe, kann ich mir das auf Dauer auch nicht leisten!

13

Der goldene Schritt

Jetzt geht es zur Sache

Sie haben die Beinachse ausgerichtet, O-Beine, X-Beine sind Vergangenheit. Sie haben die Muskulatur des Beckenbodens als wichtigstes Zwischenstockwerk im Hochhaus Mensch auf- und eingebaut. Die Wirbelsäule ist aufgespannt. Das geschmeidige Becken löst die Vorwärtsbewegung aus, Schritt für Schritt. Bein und Fuß müssen den Schwung nur noch aufnehmen und ausnutzen.

Der Fuß fällt nicht mehr auf die Außenkante, Ende Supination, die Schuhe sind nie mehr am äußeren Absatz schräg abgelaufen.
Der Fuß fällt nicht mehr auf die Innenkante, Ende Pronation, die Schuhe sind nie mehr am inneren Absatzrand schräg abgelaufen.
Sie können es sich gleich selbst beweisen.

Vollfußgehen

Übergangsübung vom Sitzen zum Stehen.

- Lehnen Sie sich an einen schmalen Türrahmen.
- Füße hüftweit auseinander, Knie über dem Mittelfuß genau unter den Hüften.
- Belasten Sie Großzehengrundgelenk und Außenseite Ferse.
- Schieben Sie das Steißbein am Türrahmen nach unten, den Rücken nach oben.
- Kopf nicht anlehnen, sondern am goldenen Faden aufhängen.
- Entspannen Sie die Lendenwirbel. Doch, das geht. Einfach loslassen, das Steißbein noch mehr sinken lassen.
- Ein bisschen tiefer in die Knie gehen und mit den Beckenhälften kreisen, links, rechts, links, rechts. Geht doch schon fast wie im Schlaf.
- Das Kreuzbein bleibt am Türrahmen.
- Die Füße bewegen sich nicht, auch nicht die Zehen. Die Fersen nicht anheben.
- Nur mit den Beckenhälften die anatomischen Halbkreise zeichnen, die fortan Ihre Beine in Bewegung setzen.

Das neue Gehen: Schon bald geht's wie geschmiert. Geschmeidig vorwärts, Schritt für Schritt.

Selbstverständlich können Sie die Halbkreise auch mit der Kniescheibe auslösen, wenn Ihnen das leichter fällt.
Irgendwann geht's wie geschmiert. Reine Übungssache. Dann richten Sie den Oberkörper auf und machen ein paar kleine Schritte AUS DEM BECKEN.

Der Übergang vom Stehen zu Gehen ist für Sie nur noch einen Schritt weit entfernt!

Machen Sie kleine Schritte. Sobald Sie Riesenschritte machen, kann die Beckenbodenmuskulatur nicht mehr Schritt halten. Achten Sie darauf, dass Ihr Oberkörper über dem Schrittbein bleibt, das Bein also nicht etwa vorausrennt.

- Steißbein nach unten ziehen, den kleinen Bauchmuskel namens Pyramidalis nach oben.
- Den Kopf am goldenen Faden aufhängen.

Ihr Fuß landet auf der Ferse, rollt auf der Außenseite über den Mittelfuß zu den Zehen, Betonung auf Großzehengrundgelenk, und stößt schon wieder für den nächsten Schritt ab, während der andere Fuß auftritt. Ist ganz einfach.

Alles, was Sie machen müssen, sind die Vom-Boden-weg-Halbkreise, die Ihre Gelenke in Bewegung setzen. Der Rest geschieht von selbst.

Wenn Sie den rotierenden Faden verlieren, einfach entspannen und wieder von vorn anfangen. Wie ein Kind, wenn es laufen lernt.

Es gibt einen uralten Schauspieler- und Tänzertrick: Stecken Sie die Zeigefinger in die Ohren und »hören« Sie, wie Sie gehen.

Mit integriertem Beckenboden und gegenläufig rotierenden Beckenhälften spüren Sie ein sehr sanftes Aufsetzen, ganz ohne Erschütterung. Sie können buchstäblich hören, wie die Wirbelsäule vibriert.

Jetzt das Gleiche im alten Gang, Ferse hart aufsetzen und Fuß hart abrollen. Vermutlich macht es in den Ohren »tack-tack-tack«, manchmal ist es »bong-bong-bong«. Sie hören, wie sich die Stöße auf die Wirbelsäule übertragen, wie Wirbel auf Wirbel scheppert. Eine wunderbare Kontrollstelle ist das Fersenbein: Wenn Sie aufgerichtet und in den

Noch mal laut und deutlich Ich wiederhole mich, bewusst, laut und deutlich und bitte Sie, genau zu lesen: Wenn Sie alles, was vor diesem Kapitel steht, gelesen, umgesetzt und eingeübt haben, so laufen Sie automatisch richtig.
Der Fuß setzt leicht auf, mitten auf der Ferse, das Sprunggelenk drückt nicht durch, im Gegenteil, es zieht hoch, wenn der Fuß fast gleichzeitig mit der Fersenberührung über die dafür gemachte Außenseite zum Vorfuß abrollt, das Großzehengrundgelenk solide verankert und bereit ist zum kraftvollen Abstoßen für den nächsten Schritt.

Muskeln verankert sind, steht Ihr Fersenbein fadengerade. Bitten Sie jemanden, der Ihnen nahe steht oder gar mit Ihnen laufen geht, Sie doch von hinten zu kontrollieren und es Ihnen zu sagen, wenn das Fersenbein knickt – bei Männern meist nach außen, weil sie breitbeiniger gehen und die Außenkante mehr belasten. Das sieht dann so \ aus. Bei Frauen durch das X-Muster kippt das Fersenbein nach innen, sieht so / aus.

Das Moment der Bewegung entsteht in den Gelenken, es entsteht Schwung.

Wenn Sie alles, was vor diesem Absatz steht, liebevoll umgesetzt haben, sind Ihre Füße befreit vom Druck, Ihr ganzes Körpergewicht zu tragen und die ganze Arbeit der Fortbewegung für Sie zu machen. Das Moment der Bewegung entsteht in den Gelenken, sie verursachen einen Schwung in Ihrem Unterschenkel und Fuß, dieser Schwung trägt Sie vorwärts.
Nicht nur beim Laufen. Auch beim Gehen. Beim Walken. Beim Spazieren. Beim Joggen. Beim Rennen. Beim Sprinten.
Anatomisch gute Bewegung ist nicht teilbar, sie folgt immer den gleichen Gesetzen.

Petra:

Ich habe schon zwei Bandscheibenoperationen hinter mir – und auch einen kleinen Reprolaps, der im Moment aber keine Beschwerden bereitet. Darf man da überhaupt laufen? Die Aussagen sind widersprüchlich; immerhin hat Henry Leconte nach zwei Bandscheiben-OPs wieder sehr erfolgreich Tennis gespielt, und das belastet die Bandscheiben noch mehr als Laufen. Wenn man laufen darf, worauf muss man achten?

Benita Cantieni:

Wenn Sie die Tiefenmuskulatur und Ihre aufrechte Haltung so trainieren, dass Ihre Bandscheiben eben NICHT mehr gequetscht werden, dann können Sie auch laufen oder Tennis spielen oder golfen – und das alles ganz nach Ihrer Lust und Laune.

Meine Methode hat schon Tausende von Bandscheibengeschädigten und -operierten wieder vollkommen schmerzfrei gemacht.

Das Prinzip ist einfach: Die Wirbelsäule zwischen Beckenboden und Kronen-

Das ist die Durchschnittswirbelsäule eines Menschen, der nicht auf seine Haltung achtet: Die Brustwirbelsäule ist zum Rundrücken gestaucht, die Lendenwirbelsäule dafür zu flach. In dieser Haltung verkümmern die autochthonen Muskeln, die Bandscheiben werden zusammengequetscht. Mit den Jahren nehmen auch die Wirbelkörper Schaden.

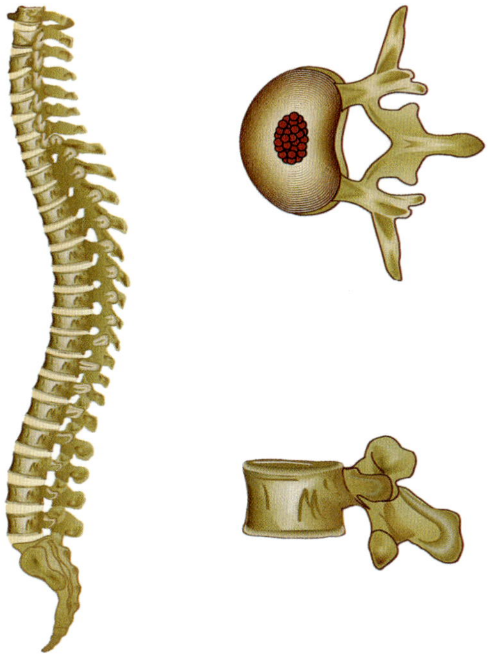

punkt aufspannen, Becken und Brustkorb ideal ausrichten, und schon trägt sich der Rücken selbst, weil alle »selbsttätigen« Muskeln aktiv sind und die Wirbelkörper wie ein Futteral schützen, stützen und stärken.

Wie können Sie es besser machen? Das ist recht einfach: das Skelett vertikal auseinander ziehen und damit in das Sicherheitsnetz der Tiefenmuskulatur einweben!

Heike:

Ich laufe sehr regelmäßig, und zwar drei- bis viermal pro Woche jeweils zwischen 40 und 60 Minuten auf Wald- bzw. Wiesenboden.
Wenn ich eine etwa zehn Kilometer lange Strecke ausschließlich auf Teerboden zurücklege, habe ich anschließend Magen- bzw. Darmkrämpfe. Was mache ich da falsch? Und können Sie mir einen guten Rat geben?

Benita Cantieni:

Sie laufen ohne den schützenden Powergürtel aus Beckenboden, Bauch und Rückenmuskulatur. Ich vermute, Sie laufen auch nur »kurz« in der Haltung, halten sich allenfalls horizontal, aber nicht vertikal. Mit der Folge: Der Magen donnert bei jedem Ihrer Schritt auf hartem Boden ungehindert auf Ihren Darm. Die beiden reklamieren, absolut zu Recht, mit Krämpfen.

14

Jetzt endlich die Gangart

Setzen Sie sich in Bewegung

Der aufrechte Gang ist die Summe aller Teile. Sie wissen jetzt, wie die Beckenhälften gegenläufig um sich selbst rotieren. Jetzt erfahren Sie, wie daraus eine Kettenreaktion entsteht, die Sie vorwärts trägt.

Der Mensch ist Fußgänger

Nicht Hackenläufer. Nicht Ballengeher. Fußgänger ist er, der Mensch. Der Schuh wird zweitrangig, wenn der Fuß laufintelligent ist. Das kann der Fuß aber nur sein, wenn er nicht mehr alles ausbaden muss, was der Rest des Körpers anatomisch unsinnig macht.

Der Fuß ist laufintelligent. Und die Nase ist Ihre Klimaanlage für alle Jahreszeiten.

Ein Freund fragt: Wie soll ich jetzt beim Laufen an all das denken? Nehmen Sie sich immer nur etwas vor. Fangen Sie mit dem an, was am nötigsten ist, wenn Sie ein Außenkantenläufer sind, denken Sie beim nächsten Laufen während der ersten zehn Minuten ans Großzehengrundgelenk, Ferse, Großzehengrundgelenk, mit den Zehen kraftvoll abstoßen, weich auf der Ferse landen, ja, mittendrauf.

▶ Die nächsten zehn Minuten konzentrieren Sie sich auf die Rück-

So nicht: Der Ballengang macht für kurze Sprints Sinn. Wer dauerhaft auf dem Vorfuß landet, überlastet die Muskulatur des vorderen Oberschenkels und die Gelenke. Achillessehnen, Wadenmuskeln verkürzen, und die Beckenmuskulatur verkümmert. Zum anatomisch guten Laufen braucht der Mensch den ganzen Fuß und alle Beinmuskeln.

wärtskreise mit der Kniescheibe. Dann auf die Rückwärtskreise mit den Sitzbeinhöckern. Dann Scheitel hochziehen.

- Steißbein nach unten ziehen.
- Schultern nach außen-unten ausrichten, Schulterblattspitzen zusammenziehen.

Später versuchen Sie, zwei Sachen auf einmal zu machen:

- Großzehengrundgelenk belasten UND Kniescheiben rotieren.
- Kniescheiben rotieren UND Sitzbeinhöcker rotieren.
- Sitzbeinhöcker rotieren UND Scheitelpunkt hochziehen.
- Scheitelpunkt hochziehen UND Steißbein nach unten ziehen.

Zu zweit macht Laufen doppelt Spaß. Wer Mühe mit der Selbstmotivation hat, sucht sich einen Laufpartner oder eine Laufpartnerin. Kopf hoch, Mund nicht geschlossen, locker und leicht durch die Nase atmen: So stellt sich Ihr idealer Laufpuls von selbst ein.

▶ Beckenhälften rotieren UND Schultern gegenläufig schwingen – aber das geht eigentlich von selbst, wenn Sie die einzelnen Bausteine geübt haben.

Laufen, ohne zu schnaufen

Einfach immer schön langsam, Wim Luijpers Feldenkrais-Tipp in »Gentle Running« ist perfekt: Immer nur so schnell laufen, wie es mit Nasenatmung bei geschlossenem Mund geht.
Die Nase ist zum Atmen ausgestattet: Im Sommer kühlt sie die Luft ab, bevor sie in die Lunge kommt, im Winter wärmt die Klimaanlage Nase die Luft auf.
Atmen Sie bei Temperaturen unter dem Gefrierpunkt durch den Mund, riskieren Sie Infektionen der Bronchien, der Mandeln oder auch der Lunge.

Das gute Laufen ankern

Wichtig: Denken Sie JEDEN TAG immer wieder an den anatomisch guten Gebrauch des Körpers. Immer wieder. Immer wieder. Und gleich wieder.
Bauen Sie möglichst viele der Übungen in den Alltag ein, als Anker.

Ein paar Beispiele

▶ Wenn ich telefoniere, setze ich meine Schultern nach außen und unten.
▶ Beim Zeitung- oder Aktenlesen kann ich prima meine Beckenhälften kreisen lassen.
▶ In der Kantine in der Warteschlange mache ich den Rücken lang.
▶ Am Computer lasse ich die Kniescheiben rückwärts kreisen.
▶ Auf dem Rad ziehe ich die Sitzbeinhöcker nach hinten-unten und den Pyramidalis vorn hoch.
▶ Beim Einkaufen ziehe ich das Steißbein zu den Fersen und den Kronenpunkt zur Decke.

Juliane:

Seit einiger Zeit surfe ich regelmäßig zu Ihrer Homepage und versuche, die Tipps für mich umzusetzen. Aber die große Erleichterung spüre ich leider noch nicht. Dafür mache ich kaum noch einen Schritt, ohne mich ständig zu ermahnen, alle Ihre Anweisungen einzuhalten. Beim Laufen fällt es mir immer noch sehr schwer.

Benita Cantieni:

Nehmen Sie sich pro Tag immer nur eine Sache vor.

An Tag 1 vielleicht: »Heute belaste ich meine Füße perfekt.«

An Tag 2 vielleicht: »Heute ziehe ich das Steißbein in den Keller.« Die Füße erinnern sich noch an gestern und machen freiwillig mit.

An Tag 3: »Heute setze ich meine Schultern superoptimal.« Der Fuß und das Steißbein machen freiwillig mit.

Tag 4 ist ein »Pyramidalis-Tag«. Sie ahnen es schon: mit Schultern und Fuß und Steißbein.

Und so weiter. So fügt sich alles zusammen zu einem harmonischen Ganzen. Nur an den Beckenboden müssen Sie IMMER denken: Beckenboden ... Beckenboden Beckenboden Beckenboden ... Beckenboden Beckenboden ... Beckenboden Beckenboden ... Beckenboden Beckenboden Beckenboden Beckenboden Beckenboden ...

Prinzip klar? Das Aha-Erlebnis kommt. Vielleicht dann, wenn Sie gerade unkonzentriert und verspielt und verträumt und eben nicht verbissen an der Sache dran sind.

Annette:

Und das alles hilft wirklich? Ich bin erst 17 Jahre alt und habe seit ca. einem halben Jahr wahnsinnige Knieschmerzen. Ich bin letztes Jahr viel gelaufen, und dann seit Herbst ging nix mehr! Der Arzt hat gemeint, laufen wäre nicht so gut, die Krankengymnastin hat mir dann richtig abgeraten. Ich habe es schon aufgegeben, versuche mich jetzt im Walken, würde aber gerne wieder laufen! Und dummerweise tut mir jetzt, nachdem ich für die Schule den Coopertest geschwommen bin (alles andere ging nicht!), schon wieder das Knie weh, und ich kann kaum mehr gehen!

Habe ich noch Chancen?

Benita Cantieni:

Es gibt nur eines: ausprobieren. Sonst werden Sie nie erfahren, ob es hilft.

Für meine Methode spricht, dass Sie mit der alten Schmerzen bekamen. Oder? Das Alter arbeitet für Sie; mit 17 fällt die Umstellung leichter als mit 30, 50, 70. Worauf warten Sie noch?

Matthias:

Ich halte das Aufkommen auf der Ferse beim Laufen einfach nicht für natürlich. Barfuß kommt man nie zuerst auf der Ferse auf! Das Argument ist uralt, ich weiß, aber nach wie vor überzeugend für mich. Als ich mit Laufen anfing, lief ich von an Anfang an auf dem Vorfuß – es tut mir weh, zuerst mit der Ferse aufzuwummen. Ein weiteres Argument für das Vorfußlaufen ist die Tatsache, dass der Fuß nun mal konkav gebaut und somit fürs Abrollen nicht geeignet ist.

Benita Cantieni:

Ja, ich kenne die Argumente, habe auch das bezaubernde Buch »GODO« von Peter Greb gelesen, der den Ballengang perfektioniert und patentiert hat: vom Vorfuß nach hinten abrollen. Das Fersenbein sei ein Relikt aus unserer Zeit als Krokodil. Das Bild gefällt mir; vielleicht haben wir ja aus allen Kreaturebenen das mitgenommen, was sich ausgesprochen bewährt hat – mein Fersenbein jedenfalls empfindet das nicht als Beleidigung. Wenn wir alle die nächsten 20 000 Jahre auf dem Ballen gehen, wird sich die Evolution was einfallen lassen; wahrscheinlich entwickeln wir wieder Pfoten oder Hufe. Jetzt jedenfalls, so, wie er ist, ist der Fuß perfekt fürs Ganzfußlaufen gemacht. Auch barfuß.

Ich distanziere mich auch vom harten Auftreten auf der Ferse. Wenn Sie alles umgesetzt und trainiert haben, was ich Ihnen in diesem Buch an Übungen anbiete, landen Sie tendenziell mitten auf der Ferse, gehen über den konkaven Mittelfuß zum Ballen, Betonung Großzehengrundgelenk. Leicht, schnell, fließend, elegant, schwerelos. Der Fuß ist nicht wirklich konkav, nur der Fußabdruck. Mit meiner Bewegungsmethode stellen Sie kein Gewicht auf dem Mittelfuß ab, der Fuß ist wie die Hand, ein Werkzeug, kein Abstellplatz für den Körper. Das gesunde Sprunggelenk ist eben immer auf dem Sprung – auch wenn es beim gesunden Fuß (im Gegensatz zum Plattfuß) nicht auf den Boden drückt, gehört es doch zum Mittelfuß, die Muskeln, die das Sprunggelenk mit dem Längsgewölbe bilden und stützen, sind raffiniert vernetzt – das ist ein perfekter statischer Kuppelbau.

Vorfußläufer glauben noch an die Schwerkraft. Beim Vorfußlaufen benutzen Sie nur den halben Fuß, negieren die Hälfte Ihres Körpers, Beckenboden, hintere Oberschenkelmuskulatur und die Rückenmuskeln kommen chronisch zu kurz und verkürzen sich auch chronisch. Probieren Sie es mal aus?
Und dann lassen Sie Ihren Körper entscheiden, was er will, was funktioniert, nicht den Kopf.

Petra:

Ich halte mich fleißig an Ihre Empfehlung, mit integrierter Beckenbodenmuskulatur zu laufen. Ich laufe fast täglich, mittlerweile 45 bis 60 Minuten. Nur so kann ich abnehmen. Meine Pulsfrequenz hat sich von ca. 160 auf ca. 145 verringert. Ich habe aber recht unangenehme Schmerzen seitlich am Oberschenkel. Ob mein Bewegungsablauf nicht korrekt ist? Die Hüftbewegungen ähneln dem Bewegungsablauf der Geher.
Können Sie mir einen Tipp geben, damit der tägliche Lauf nicht zur Qual wird?

Benita Cantieni:

Toll, wie der Puls runterkommt!
Die Schmerzen an den Oberschenkeln: Sind die an der Innenseite oder der Außenseite? Wenn außen, laufen Sie wahrscheinlich auf den Außenkanten der Füße, Ihr Vergleich mit dem Stil der Geher unterstützt meine Vermutung. Also noch sorgfältiger mit dem Beckenboden laufen, die gegenläufige Rückwärtsrotation noch mal üben, denn die gleicht nicht dem Beckenvorschieben der Geher, sondern verläuft vertikal, auf der Längsachse des Körpers, nicht seitlich! Die Beinachse perfekt ausrichten. Ich vermute, dass Sie den perfekten Laufablauf einfach noch keine 60 Minuten durchhalten können.
Schieben Sie ein paar Minuten Walken ein, sobald der Beckenboden »rausfällt«, neu aufbauen, wieder laufen. Und immer daran denken: Das »neue« Laufen muss ökonomisch, angenehm und leicht sein. Verändern Sie Ihre Bewegungen ein wenig, sobald die Schmerzen auftauchen. Sie können den Idealstil auch während des Laufens finden.
Heute morgen hatte ich plötzlich ein Wadenspannen am rechten Bein. Ich zog den Kronenpunkt hoch, das Steißbein runter, immer weiter laufend, machte die Kniescheibenkreise höher und leichter, machte die Beckenrotation sauberer – und weg waren meine Wehs, augenblicklich.

Feedback von Britta:

Es ist UNFASSBAR! Erst kürzlich entdeckte ich Ihre Homepage und die vielen Tipps im Netz, kaufte mir auch das »Tiger-Feeling«-Buch und übte beim Lesen die ganze Zeit, die Sitzbeinhöcker zusammenzuziehen, Kniescheibenrotation, Beckenkreisen etc. (seit Jahren plage ich mich, 33 Jahre, mit Kreuz-Lenden-Becken-Hüften-Leisten-undwasnichtnochallem-Schmerzen rum und habe eigentlich auch richtiges Sitzen gelernt). Schon nach kurzer Zeit kam es mir vor, als wären meine Schmerzen weniger, ich konnte mich am Abend besser bewegen. Und weil mir das alles so spanisch und wundermäßig vorkam, war ich besonders gespannt auf die Nacht. Denn obwohl ich schon eine Superduperturbo-Matratze aus Tempur habe, wache ich doch bis zu fünfmal in der Nacht auf, weil sich meine Hüften versteifen und einfach alles wehtut. Diese Nacht aber war GENIAL! Fast keine Schmerzen, ich bin nicht aufgewacht, und selbst am Morgen war das Bett noch bequem. Ich kann es nicht fassen, es ist DER HAMMER! Wie geht das???

Es kommt mir wirklich vor wie Zauberei, denn ich könnte Ihnen zu meiner Krankengeschichte ein Buch schreiben. Nur noch das: Mein heutiger Test war die Dreiviertelstunde Joggen. Ich laufe seit fünf Jahren trotz Schmerzen ca. drei- bis viermal die Woche und mache auch andere Sachen wie Stepp, BBP, Hot Iron, Training auf dem Cross-Stepper ... Doch nach jedem Joggen hatte ich bisher diese verstärkten Schmerzen im Becken und im Kreuz (abgesenkte Organe vielleicht?). Heute habe ich mir wirklich Mühe gegeben und versucht, diese Rotationen zu verinnerlichen und natürlich den Beckenboden aktiviert zu halten – und tatsächlich: viel besser. Okay, ich bin auch langsamer gelaufen, sonst hätte ich mich nicht so gut konzentrieren können, aber es war wirklich leichter und schöner. Ich verspreche, ich bleibe dran und übe weiter; vielleicht liegen die Aua-Jahre ja bald hinter mir.Wenn das so weitergeht, sind Sie meine Heldin!

Benita Cantieni:

Es ist, als hätte Ihr Körper nur auf die Gebrauchsanweisung gewartet.

Wie das geht? Ganz einfach: Wenn der Körper körpergerecht behandelt und gebraucht wird, tut Ihnen nichts weh, geht alles viel leichter, fühlt sich besser an, und Sie beugen allen degenerativen Krankheiten des Bewegungsapparats vor. Ist das nicht toll, dass wir das können?

15

Die sieben besten Dehnübungen

Stretching muss sein

Hier sind die sieben besten Dehnungen für Läufer. Es sind auch die am weitesten verbreiteten. Auch wenn Sie meinen, Sie kennen die Positionen: Lesen Sie doch noch mal nach, denn jede einzelne Dehnung ist angereichert mit den anatomischen Prinzipien dieses Buches (also der CANTIENICA®-Methode).

Beim Dehnen gilt: Nicht wippen, nicht federn. Halten Sie die Pole Beckenboden – Ferse oder Beckenboden – Kronenpunkt aktiv, so steigern Sie die Flexibilität der Sehnen und Bänder, mit denen die Muskeln mit den Knochen verbunden sind. Gutes Dehnen beugt Sportverletzungen vor und verkürzt die Erholungsphase. Die aktive Ausrichtung des ganzen Körpers macht die Dehnung auch dynamisch. So können die Muskeln während des Stretchens nicht erkalten und verkürzen daher auch nicht.

Sehr ungelenkig? Erst warm duschen, dann erst dehnen.

Ein Wort zum Atmen: absolut stressfrei, bitte. Einfach den Mund ein bisschen geöffnet halten und den Atem durch die Nase kommen und gehen lassen. Wenn Sie ganz entspannt sind, versuchen Sie dies: Beim Einatmen den Beckenboden aktivieren, beim Ausatmen lösen. So kriegen die Organe beim Dehnen eine sanfte Massage von allen Seiten ab.

Wenn Sie die perfekte Position anfangs nicht halten können, macht das nichts. Kurz entspannen und wieder aufbauen. Sie haben die Wohltat der Dehnung auch bei drei mal zehn Sekunden.

Ganz wichtig: ruhig und entspannt in die Aufspannung atmen.

Ganzkörperdehnung

- Eine Stange fassen.
- Oder die Hände an einer Wand abstützen.
- Arme leicht gebeugt.
- Schultern nach außen-unten setzen und entspannen.
- Das linke Bein weit nach hinten strecken, die Ferse soll aber den Boden noch berühren.
- Sitzbeinhöcker zusammenziehen, um den Beckenboden zu aktivieren, Sie wissen schon ...
- Die entstehende Muskelspannung halten.

- Steiß- und Schambein Richtung Fersen ziehen, den Pyramidalis, den kleinen Bauchzauberer, nach oben.
- Der Kronenpunkt zieht in die Gegenrichtung.
- Spüren Sie Spannungen im Rücken genau auf – und lassen Sie einfach los.
- Wenn das ganze Bein unter »Dehnstrom« steht, den rechten Fuß vom Boden heben, Knie zur Brust hochziehen, so weit es mit dem vollkommen geraden Rücken eben geht.
- Langsam bis 30 zählen.
- Seite wechseln.

Eigentlich ganz leicht: Wer regelmäßig dehnt, bleibt elastisch!

Schultern und Nacken

- Aufrecht stehen.
- Füße hüftweit auseinander.
- Knie genau über dem Mittelfuß und locker.
- Beckenboden aktivieren, indem Sie die Sitzbeinhöcker zusammenziehen.
- Steiß- und Schambein nach unten fließen lassen.
- Pyramidalis nach oben ziehen.
- Kreuz entspannen.
- Arme über den Kopf. Schultern nach außen-unten und entspannen.
- Die linke Hand fasst den rechten Ellenbogen, zieht ihn näher und schiebt ihn gleichzeitig leicht senkrecht nach unten.
- Jetzt den rechten Oberarm gegen den Widerstand der optimal gesetzten Schultern nach links ziehen. Bis 30 Zähler halten.
- Seite wechseln.

Waden, Schenkel und Rücken

- Stange halten.
- Tief in die Knie.
- Sitzbeinhöcker nach hinten ziehen, ziehen, ziehen, bis der Rücken lang und gerade ist.
- Wenn Sie einen Rundrücken haben: Dehnen Sie sich, bis Sie das Gefühl haben, das Kreuz sei hohl. Es soll nicht hohl sein, aber die kleine List hilft bei Rundrückenmachern ...
- Jetzt die Sitzbeinhöcker zusammenziehen oder den Beckenboden aktivieren, das müsste nun bei Ihnen auch klappen, ohne den Umweg über die Sitzbeinhöcker.
- Halten Sie diese Stabilität und schieben Sie den rechten Sitzbeinhöcker isoliert nach hinten-hinten-hinten, Fuß und Ferse am Boden,

Wenn es im Rücken, über die Hüften und die Kniesehne entlang zieht – dann sind Sie perfekt!

bis das rechte Bein gestreckt ist. Wenn's im Rücken, über die Hüften und die Kniesehne entlang zieht, machen Sie's perfekt.

- Die Hüften bleiben parallel, nicht zur Seite ausweichen.
- Langsam bis 30 zählen. Seite wechseln.
- Wenn Ihnen 30 anfangs schwer fällt: bis zehn zählen und dreimal wiederholen. Seite wechseln.

Adduktoren und Hüftbeuger (Psoas)

- Rückenlage schön aufbauen: Beine angewinkelt, leicht ins Hohlkreuz, Sitzbeinhöcker zusammen zwecks Beckenbodenmuskulaturaktivierung (schade, dass es den Erklärbär bei Lück nicht mehr gibt, der müsste das Wort lieben, Beckenbodenmuskulaturaktivierung).
- Steiß- und Schambein Richtung Fersen, den Kronenpunkt in die andere Richtung ziehen, bis der Rücken lang und leicht aufliegt, inklusive Nacken (eventuell Ballon unterlegen).
- Arme bequem anwinkeln.
- Das linke Bein auf die Ferse stellen und diese Ferse den Boden entlangschieben, bis das Bein ausgestreckt ist. Den rechten Fuß auf den linken Oberschenkel legen.
- Beckenboden noch mal nachziehen. Das rechte Knie so weit zur Seite fallen lassen, wie es nur geht, ohne die linke Hüfte vom Boden

Wenn es in der rechten Leiste zappt, haben Sie den Bogen raus!

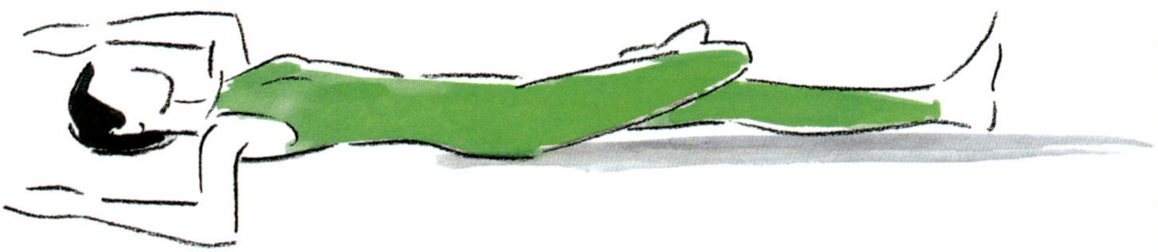

zu heben, die muss bleiben, wo sie ist. Wenn's dann in der rechten Leiste zappt, sind Sie richtig.

▶ Langsam bis 30 zählen, Seite wechseln.

Tipp für noch mehr Dehnung: Die Diagonalatmung spannt Sie noch mehr auf: Durch einen Sitzbeinhöcker einatmen, den Atem diagonal durch den Körper zur Schulter der anderen Seite ziehen, ausatmen.

Rücken und Kniesehne

▶ Vor einer Stange, einer Sprossenwand, einem Mäuerchen, einem Fenstersims. Beckenboden aktivieren, indem Sie die Sitzbeinhöcker näher zueinander ziehen. Das Gewicht gleichmäßig auf beide Beine

Jaaaa – das dehnt ganz schön kräftig und richtet vor allem den unteren Rücken auf.

und Füße verteilen, Knie sind locker. Rechte Ferse aufsetzen. Den Sitzbeinhöcker am Ende des rechten Beins kräftig nach hinten ziehen. Ja, das dehnt schon ziemlich und richtet vor allem den unteren Rücken auf. Den Kronenpunkt in die Gegenrichtung ziehen, bis die Wirbelsäule vollkommen aufgespannt ist.

- Die rechte Hüfte weicht nicht aus, sondern bleibt parallel mit der linken, Oberkörper pfeilgerade zum aufgelegten Bein beugen. Die entstehende Dehnung dosieren und auf 30 Zähler halten. Seite wechseln.

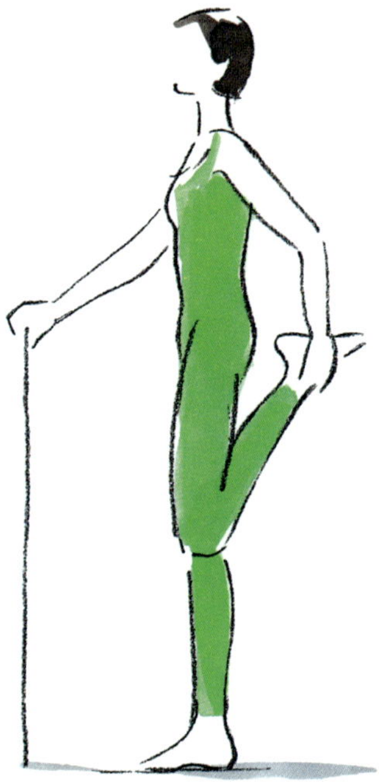

Kommen Sie Ihrem Po immer näher – das stretcht dann umso kräftiger.

Oberschenkel und Hüftbeuger (Psoas)

- Auf Armdistanz vor einer Stange, Sprossenwand oder Wand stehen. Mit der rechten Hand halten oder abstützen.
- Körpergewicht mit Hilfe des aktivierten Beckenbodens auf beide Beine gleichmäßig und leicht verteilen.
- Die Knie bleiben locker.
- Das linke Bein mit der linken Hand am Mittelfuß fassen. Das linke Knie schwer nach unten fallen lassen.
- Auch das Steißbein nach unten ziehen, bis der Oberschenkel durch diese Aufrichtung des Beckens sehr intensiv gedehnt ist.
- Für noch mehr Stretch: Den Fuß näher zum Gesäß ziehen.

Achtung: Sobald Sie mit dem linken Bein nach hinten ausweichen, geht die Dehnung verloren.

- Bis 40 zählen, ganz langsam, Seite wechseln.

Hüften, Hüftbeuger und Kniesehnen

- Rückenlage sorgfältig aufbauen.
- Das linke Knie zur Brust ziehen.
- Die rechte Ferse aufstellen und nach vorn schieben, bis das Bein völlig ausgestreckt ist, möglichst flach und gleichmäßig am Boden.
- Die linke Ferse in den Himmel stoßen – und dann noch ein bisschen weiter.
- Oberschenkel mit den Händen halten.
- Beckenboden aktivieren, indem Sie die Sitzbeinhöcker näher zur Mitte ziehen.
- Das linke Bein möglichst nahe zum Körper ziehen.

Achtung: Die linke Hüfte hebt sich NICHT vom Boden. Durch den Beckenboden einatmen. Durch den Mund ausatmen. Durch den Beckenboden einatmen. Ausatmen. Bei jedem Einatmen das Bein in der Luft noch näher ziehen. Auf 40 Zähler halten. Seite wechseln.

Gönnen Sie Ihren Fersen auch ein Plätzchen im Himmel – das tut Ihren Beinen so richtig gut!

16 Die beliebtesten Ammenmärchen

Sie kennen ja nun die Wahrheit!

1 **Auf nüchternen Magen laufen ist ungesund.**
Quatsch. Im Gegenteil. Auf nüchternen Magen gleich am Morgen läuft es sich am besten. Ihr Ruhepuls ist niedrig, der Kopf ist noch nicht voll von Problemen und Herausforderungen des Tages. Wenn Sie einen niedrigen Blutdruck haben, müssen Sie sich ans Morgenlaufen gewöhnen. Sie können auch einen Fruchtsaft trinken. Ein großes Glas warmes Wasser tut allen gut.
Sie können die Probe aufs Exempel ganz leicht machen: An einem

Tag frühstücken, dann laufen. Am nächsten aufstehen, loslaufen und selbst sehen ...
Am Morgen sind außerdem die Glykogenspeicher leer, also aller Zucker im Blut und alle Kohlenhydrate aufgebraucht, der Körper macht sich gleich an die Fettreserven. Es heißt, diese Turbofettverbrennung arbeite nach dem Laufen noch eine Stunde weiter, sofern Sie nichts essen. Probieren Sie's aus, wenn Sie es einrichten können und sich wohl dabei fühlen, haben Sie nichts zu verlieren – oder höchstens ein Fettpölsterchen.

2 Menschen mit Übergewicht sollten nicht laufen.

Irgendwie beißt sich die Katze da in den eigenen Schwanz. Einerseits heißt das: mehr bewegen, dann reguliert sich auch das Gewicht. Andererseits: Wer schwer ist, belastet die Gelenke. Wenn Sie richtiges Übergewicht haben, so ab 20 Kilo aufwärts, wenn Sie untrainierte, schwabbelige Kilo mit sich rumschleppen, dann fragen Sie erst Ihren Arzt und lassen sich durchchecken. Und dann fangen Sie heute noch mit dem Training der Tiefenmuskulatur an: Die Muskeln vernetzen sich und halten Ihr Skelett am Ort. Fett, welches die Muskeln durchzieht, wird abgebaut. Sie fühlen sich schon nach drei Wochen regelmäßigen Trainings viel weniger schwer und Sie spüren es beim Laufen: Keine Massen mehr, die auf und ab wogen! Dazu die gelenkfreundliche Bewegung in der Fliehkraft – und Sie können dem Fett davonlaufen. Behutsam, nicht zu schnell, immer nur so lange, wie Sie aus dem Beckenboden und mit geschlossenem Mund laufen können. Kombinieren Sie Laufen mit Walken – und bleiben Sie dabei.

3 Laufen schadet auf Dauer den Gelenken.

Bewegen Sie sich gelenkfreundlich, ist Laufen ein Jungbrunnen für Ihre Knochen: Die Gelenke stoßen nicht mehr aufeinander, es bleibt in jeder Phase der Bewegung ein schützender Gelenkspalt. Das gelenkschützende Laufen basiert auf drei wichtigen Elementen: Der Körper wird von Fuß bis Kopf anatomisch funktionell und bewegungsfreundlich ausgerichtet. Als Zweites wird das Skelett in ein schützendes, kraftvolles Muskelkostüm eingewebt. Und schließlich lernen Sie die einfache Gelenkkettenreaktion in der Fliehkraft.

Das ist auch Ihre beste Altersvorsorge: Sie werden noch mit 100 Jahren gesunde, geschmeidige Gelenke haben!

4 Der Mensch ist ein Ballengänger.

Der Mensch ist ein Fußgänger. Wäre er Ballengänger, hätte die Evolution die Ferse längst abgeschafft. Es gibt Hochleistungssportler, die laufen während des Wettkampfes auf den Ballen, so die Sprinter. Für alle anderen ist Ballengang auf Dauer schädlich. – Sehen Sie sich die Füße von klassischen Ballengängern doch mal an: Die Füße der Frauen, die jahrelang in hohen Absätzen herumlaufen, also extreme Ballengängerinnen sind, sind deformiert, Senkfuß, Spreizfuß, Hallux valgus, Hallux rigidus... Die Mode, als Hobbyläufer auf den Ballen herumzuturnen, beschert den Orthopäden volle Praxen: entzündete Fußgelenke, kaputte Sprunggelenke, beschädigte Hüften. Die Idee mit dem Ballengang entstand aus dem Wunsch nach mehr Leichtigkeit, weniger Anstrengung. Das können Sie haben: Wenn Sie den Glauben an die Schwerkraft aufgeben und mit der Fliehkraft laufen, so wird Ihr Gang leicht. Jeder Schritt geht vom Boden weg. Die Füße haben die Last des Körpers nicht mehr von Schritt zu Schritt zu schleppen.

5 Der Oberkörper muss beim Laufen vorgeneigt werden.

Wer den Oberkörper vorbeugt, trennt den Körper in zwei Teile: Oberkörper und Unterkörper. Der Oberkörper schränkt den Unterkörper ein, er kann sich nicht mehr vertikal ausdehnen. Jeder

Schritt quetscht die Lendenwirbel. Wertvolle Muskeln werden dauerhaft verkürzt, etwa der Iliopsoas. Vor allem: Das Becken wird künstlich versteift, es kann die natürliche Bewegung, die ihm innewohnt, nicht mehr vollziehen: die Rückwärtsrotation der einzelnen Beckenhälften bei jedem Schritt. Die vertikale Vernetzung der Muskulatur geht verloren, das Becken kippt – halt- und kraftlos – nach vorn oder nach hinten; beides ist für die Lendenwirbelsäule gleich schlimm. Außerdem verhindert der vorgelehnte Oberkörper die natürliche Schwingung der Wirbelsäule beim Laufen: Die Brustwirbelsäule wird steif, dafür rudern die Schultern unkoordiniert in der Gegend herum. Also: Aufrichten! Vom Sprunggelenk bis zum Kopf lotgerade.

Wer aufrecht und aufgespannt läuft, aktiviert die gesamte Rumpfmuskulatur und ist vor Seitenstechen geschützt. Sogar die Bauchmuskeln sind vernetzt und gedehnt und werden mittrainiert.

6 Das Becken ist beim Laufen nach vorn gekippt, der Po ist angespannt, der Bauch eingezogen.

Turnvater Jahns schreckliches Erbe! Das gekippte Becken verkürzt die Lendenwirbel, die Bandscheiben und die Nerven werden gequetscht, die Deformation ist programmiert. Außerdem schiebt das gekippte Becken die Hüftgelenkspfanne auf die Oberschenkel, die Hüftknochen prallen aufeinander, schaben die Knorpelschicht ab. Die Hüftgelenke werden in ihrer Bewegungsfreiheit behindert, der Hebel wird verändert. So entstehen Hüftgelenkarthrosen und -nekrosen! Wird in dieser Position die äußere Pomuskulatur angespannt, vermeintlich, um den Rücken zu schützen, so wird alles noch schlimmer. Sie können die Gesäßmuskeln nicht voll anspannen, ohne das Becken noch mehr nach vorn zu schieben und die Längsmuskulatur noch mehr zu verkürzen. So gestaucht können sich auch die Bauchmuskeln nur horizontal, also verkürzt, kontrahieren. Ihr Becken steckt in der Zwangsjacke. Sie drücken sich außerdem den Atem ab, und Frauen drücken sich so selber die Organe aus dem Unterleib. Die Alternative: vertikal ausrichten. Das Becken von jedem Druck befreien. Die Hüftgelenke aus ihrem Panzer befreien. Die skeletthaltende Tiefenmuskulatur des Beckenbodens, des Rückens, des Bauchs und der Hüften zu einem Powerhaus aufbauen, das Halt gibt, ohne dass Sie sich klein und bucklig machen müssen.

7 Der Oberkörper bleibt beim Laufen ruhig, die Arme schwingen im Schultergelenk.

Wenn das versteifte Becken die ganze Wirbelsäule in ihrer wunderbaren Bewegungsfreiheit beschränkt, ist das vermutlich die einzige Lösung: Oberkörper genau so steif machen wie das Becken und für das Gleichgewicht aufwändig mit den Armen rudern. NEIN! Ihr Körper weiß und kann das besser, ökonomischer, schöner. Hat das Becken die Bewegungsfreiheit wieder, die es sich für den aufrechten Gang des Menschen zulegte, dann schwingt die ganze Wirbelsäule, vibriert vom Zipfel des Steißbeins bis zum Kronenpunkt. Die Brustwirbelsäule gibt die Schwingung an die Schultern weiter. Die Arme übernehmen die Schwingung natürlich, leicht, ganz ohne Zutun, und sorgen für Gleichgewicht. Noch mal: Das Becken versetzt die Wirbelsäule in Schwingung. Da, wo die Wirbelsäule am beweglichsten ist, auf Brusthöhe, entwickelt sich eine natürliche Gegenschwingung des Oberkörpers zum Unterkörper. Die Schultern gehen natürlich und ohne Aufwand mit, die Arme ebenfalls.

8 Ein guter Laufschuh muss den Fuß stützen und seine Schwächen ausgleichen.

Ein guter Fuß, geschmeidig, beweglich, muskulös, kräftig und trainiert, braucht keine Krücken. Alles, was Ihren Fuß stützt und puffert, nimmt ihm Arbeit ab, verhindert sein Gesundwerden. Am besten entfaltet sich Ihr Fuß, wenn Sie auf Sand laufen. Entlasten Sie Ihre Füße vom Gewicht Ihres Oberkörpers, indem Sie die vertikale Skelettmuskulatur trainieren, und arbeiten Sie anatomisch gut mit Ihren Füßen. Sie werden staunen, wie schnell sich die Bewegungskünstler verändern und entwickeln.

9 185 minus Lebensalter ergibt den idealen Laufpuls.

Der eine kann mit geschlossenem Mund mit einer Pulsfrequenz von 165 noch gemütlich laufen. Der andere hechelt schon bei 130. Die eine hat bei 125 schon einen hochroten Kopf, die andere plaudert bei 160 munter auf mich ein. Den industriell genormten Idealpuls gibt es nicht.

Wenn Sie ein sportliches Ziel verfolgen, Marathon, Triathlon oder Dolleres, dann brauchen Sie eine Leistungskontrolle. Alle anderen können sich nach dem Wohlbefinden richten: Solange Sie mit geschlossenem Mund laufen, sind Sie im aeroben Bereich. Sobald Sie hecheln und nach Luft schnappen, rennen Sie anaerob. Ersteres können Sie fast unbeschränkt, es fördert Ihre Ausdauer. So liefen wir, als wir noch Nomaden waren. Das ist das Tempo, das glücklich macht. Hochpulsrennen ist auch gut, das steigert die Leistung Ihres Herzens, gibt dem Kreislauf einen Kick und produziert Adrenalin – so liefen wir dem Säbelzahntiger davon, kurz und heftig. Von der Sorte Laufen brauchen Sie weniger.

Sie können auch auf den Herzschlag hören – rhythmisch und gleichmäßig im Brustraum klopft es für die Ausdauer. Steigt der Herzschlag in den Hals und in den Kopf, klopft gar an den Schädel, ist Ihre Pulsfrequenz hoch, zu hoch für Ausdauer, gerade richtig für einen Sprint oder einen Intervall.

10 Wer läuft, verliert automatisch Gewicht.

Dieses Ammenmärchen verstört Hunderttausende junger Frauen. Da zwingen sie sich drei- bis siebenmal pro Woche in die Laufschuhe. Bewaffnen sich mit Pulsuhr und i-Pod – und Kaugummi. Und spulen die 30 oder die 45 Minuten ab, je nachdem, was sie gelesen haben und glauben. Vorher und nachher stellen sie sich auf die Waage – und sind enttäuscht.

Denn: Zunächst einmal wird Fett abgebaut und Muskeln werden aufgebaut, d.h., die Waage geht rauf, nicht runter. Muskeln sind nun mal schwerer als Fettgewebe. Ich kenne Dünne, die bleiben auch mit Laufen dünn. Und ich kenne eine Menge Normalgewichtige bis Übergewichtige, die werden vom Laufen nicht dicker. Aber auch nicht leichter. Gerade die Gernesser belohnen sich lustvoll für die erlittene Anstrengung des Laufens – mit einem Schmankerl. Laufen Sie anatomisch gut und richtig, macht Sie Laufen schön – bessere Durchblutung, besseres Gewebe, harmonischere Formen, sehnigere Muskeln, und natürlich ungebremst die Glücksendorphine ... Wer gesund Gewicht verlieren will oder muss, muss die Ernährung umstellen und die Muskeln herausfordern, mit Krafttraining oder gezieltem Aufbau der Tiefenmuskulatur.

Feedback von Eva:

Ich habe noch mehr Ammenmärchen gehört. Beispielsweise:

- Alle Ärzte wissen alles übers Laufen.
- Laufen (lernen) lohnt sich lediglich, wenn man mindestens einen Marathon anstrebt.
- Anatomiegerechte Technik zu üben lohnt sich nicht, wenn dadurch nicht mehr Schnelligkeit herauskommt (das war ein Kommentar, den ich kürzlich zu hören bekam).
- Fußprobleme à la Spreizfuß, Senkfuß etc. lassen sich nicht rückgängig machen, sie sind das Los von ambitionierten Läufern, und da helfen nur orthopädische Einlagen.
- Am Laufstil kann man nichts ändern, bei Fehlhaltungen helfen entsprechende Laufschuhe.

Feedback von Dirk:

Die Bilder und Vorstellungen, die Sie immer wieder finden, helfen mir wirklich enorm weiter.

Die Vorstellung mit dem Kreisen der Kniescheiben hat mir beim Laufen schon ein ganz anderes Gefühl gegeben. Auch die nach 20 Minuten beginnenden Knieschmerzen lassen sich durch Ihre Idee verhindern.

Feedback von Monique:

Seit ich nach CANTIENICA®-Manier den Berg runterwalke, ist mein Knie schön gerade und stabil und schmerzt demnach nicht. Sobald ich die Sitzbeinhöckerchen und meinen Rücken sausen lasse, laufe ich unkontrolliert. Es fühlt sich dann an, als ob meine Beine und Knie lotterten. Jetzt weiß ich, was mein Physiotherapeut meint, wenn er sagt: »Schön gerade in die Knie gehen.«

Pet:

Wird der Bauchnabel eingezogen, dazu das Becken nach oben gekippt, um so nach pilatesdefinierter Position stabilisiert zu werden?

Benita Cantieni:

Nein, nein, nein und nochmals nein! Das Becken wird aufgerichtet, nicht gekippt. Der Bauch wird gedehnt, nicht eingezogen.

Das CANTIENICA®-Powerhaus kommt aus der Beckenbodenmuskulatur, vernetzt diese mit den Muskeln des Bauches, des Rückens und der Hüften. Alle Muskeln sind 24 Stunden am Tag aktiv am Lebendigsein beteiligt, kein Muskel wird verkrampft.

CANTIENICA® – Methode für Körperform & Haltung

CANTIENICA® – Methode für Körperform & Haltung ist ein anatomisch fundiertes Trainingskonzept. Das Skelett wird zuerst optimal ausgerichtet und so aufgespannt, dass alle Gelenke und Wirbel von Druck befreit sind. Diese »Schwerelosigkeit« wird präzise und bewusst in der skeletthaltenden Tiefenmuskulatur befestigt.

CANTIENICA® – Methode für Körperform & Haltung eignet sich als therapeutisch exaktes Fitnesstraining zum Erhalt von Muskelmasse, Straffheit und Schönheit der Formen oder zur lebenslangen Vorsorge oder zur Selbstheilung von Haltungsschäden, Rückenschmerzen und Gelenkschäden.

CANTIENICA® – Methode für Körperform & Haltung vermittelt Ihnen Kraft, Energie, Beweglichkeit, Kondition, unabhängig von Ihrem Alter oder Fitnesszustand.

Was ist die CANTIENICA®–Methode?

Ursprünglich als Anleitung zur Selbstheilung für Laien gedacht, wird die Methode heute von rund 800 Therapeuten aller Schulen angeboten. Unter www.cantienica.com finden Sie Informationen zu allen CANTIENICA®-Bausteinen und Adressen von diplomierten CANTIENICA®-Instruktoren.

Im Leserforum beantwortet Benita Cantieni kostenlos Ihre Fragen zur Methode (www.cantienica.com/leserforumcantienica).

CANTIENICA® – Beckenbodentraining

Das Tiger Feeling für sie und ihn. Die mehrlagige Beckenbodenmuskulatur wird mit allen umliegenden Muskeln des Rückens, des Bauchs, der Hüften und der Beine zum Powerbecken vernetzt. Das entlastet die Gelenke, schützt die Organe und behebt bereits bestehende gesundheitliche Probleme wie Hämorrhoidalleiden, Organsenkungen, Inkontinenz und schwere Beine. Und macht quasi nebenbei auch noch schön.

CANTIENICA® – Das Powerprogramm

Formt Ihren Körper schnell und nachhaltig. Flacher Bauch, schmale Taille, hoher, runder Po, sehnige Beine. Als Zugabe gibt's eine königliche Haltung und die Ausstrahlung eines powervollen Menschen. Alle Übungen haben therapeutische Qualität und werden den körperlichen Fähigkeiten jeder Frau, jedes Mannes individuell angepasst.

CANTIENICA® – Das Rückenprogramm

Für alle, die ihre Haltung umprogrammieren wollen – von krank auf gesund. Hilft beispielsweise bei Wirbelsäulenverkrümmung, Beckenschiefstand, Hohlkreuz, Flachrücken, Rundrücken, Schulterschmerzen, Trichterbrust, Hüftgelenkarthrosen. Schenkt Kraft und Flexibilität.

CANTIENICA® – Faceforming

Vernetzt die Muskulatur an Schädel und Kopf. Zeigt Ihnen, wie Sie alt- und faltenmachende Gesichtsmimik umprogrammieren können. Strafft die Muskulatur, mindert Falten, lindert Doppelkinn, Tränensäcke und Hängelider. Und zeigt so ganz nebenbei auch noch den Ausweg aus Zähneknirschen, Schnarchen oder Verspannungskopfschmerzen.

CANTIENICA® – go!

Es geht einfach los! Körper aufgerichtet. Wirbelsäule aufgespannt. Das Becken vernetzt und mobil – jetzt können Sie sich in Bewegung setzen. CANTIENICA® – go! räumt mit einer Reihe von anatomischen Ammenmärchen auf und setzt JEDE, JEDEN in Bewegung. Weil Bewegung das Geburtsrecht und die Natur des Menschen ist. Kraftvoll, aufrecht, federleicht und frei von Schmerzen und Zipperlein.

BERUF & LEBEN

Benita Cantieni, Jahrgang 1950

Jetzt

- Seit 1. Januar 1998 Mitinhaberin und Präsidentin des Verwaltungsrats der CANTIENICA AG, Zürich
- Erforschung und Entwicklung der CANTIENICA®-Methode seit 1993 (Körperform & Haltung, Beckenbodentraining, Powerprogramm, Rückenprogramm, Faceforming, go!)
- Ausbildnerin für die CANTIENICA®-Methode
- ZRM-Trainerin (Zürcher Ressourcen-Modell der Universität Zürich)
- Autorin (Bücher, Videos, DVDs)

Früher

- Mai 1998 bis September 2003: Entwicklerin, Chefredakteurin und Herausgeberin der Fitnesszeitschrift SHAPE (Deutschland)
- Juli 1994 bis Dezember 1997: Geschäftsführerin und Delegierte des Verwaltungsrats der CALLANETICS AG, Zürich
- International Senior Master Teacher der Original CALLANETICS-Methode
- Entwicklung der Nachfolgemethode NEW CALLANETICS
- Therapeutische Arbeit, anatomische Weiterbildung
- Koautorin von »NEW CALLANETICS – die neue Methode«, Herbst 1996, Ullstein Verlag, Berlin.
- Freischaffende Journalistin (literarische Porträts und Reportagen, z.B. im »Sonntags-Blick«)
- Dozentin an Journalistenschulen (MAZ, Ringier-Journalistenschule)
- Diverse Publikationen (Porträts, Gedichte, Anthologien)
- Chefredakteurin bei Vogue Deutschland, München
- Chefredakteurin bei Annabelle, Zürich

Und davor …

- Chefreporterin, Modeeinkäuferin, Geschäftsführerin diverser Boutiquen, Schauspielschülerin, kaufmännische Angestellte, Papeterie-Lehrtochter, Progymnasiastin, Primarschülerin, Kind …

Weitere Buchtitel von Benita Cantieni bei Südwest

Tiger Feeling®. Das sinnliche Beckenbodentraining für sie und ihn

ISBN-10: 3-517-06703-2
ISBN-13: 978-3-517-06703-2

Faceforming. Das Anti-Falten-Programm für Ihr Gesicht

ISBN-10: 3-517-06537-4
ISBN-13: 978-3-517-06537-3

CANTIENICA® – Das Rückenprogramm. Für gute Haltung, mehr Beweglichkeit und Schmerzfreiheit

ISBN-10: 3-517-06684-2
ISBN-13: 978-3-517-06684-4

Register

Achillessehne 21
Achterbewegungen 135
Adduktoren 156f.
Adrenalin 166
Aerober/anaerober Bereich 165f.
Altersbuckel 72
Altersvorsorge für geschmeidige Gelenke 162
Ammenmärchen, so genannte 160ff.
Anatomie, funktionelle 11
Arm(e) 11, 25, 106ff., 113, **116ff.**
Armbefreiungsaktionen 120ff.
Arthrose 10, 13, 99, 106, 118
Asanas 89
Atlaswirbel 133ff.
Atmung 75, 96 ▸ Nasenatmung
Aufspannung des Rückens, vertikale 11, 18
Außenfuß 13
Außenkantenläufer 145
Autochthone Muskulatur 117, 142
Autofahren, Sitzen beim 137
Autogenes Training 18
Axis (2. Halswirbel) 133

Ballengang 145, 149, 162
Ballenprobleme 39, 45
Bandscheibenvorfall 37, 64, 95, 142
Bauch 13, 41
Bauchtanz 29
Becken 11, 25, 31, 58f., **68ff.**
- gekipptes 164, 167
- männliches 69
- Schwerelot 58
- Seitenverschiebung 58
- von hinten 69ff.
- weibliches 69

Beckenbodenmuskulatur 10, 17, 26f., 39ff., 53f., 58, 64, 74f., 78, 99, 140
Beckenbodenmuskulaturaktivierung 156
Beckenbodentraining 28f., 60, 72, 168f.
Beckendeformation 55
Beckenrotation ▸ Becken
Beckenschiefstand 58f., 169
Beinachse 11, 15, 17, 23, 29, 53f., 57
Beinachsentraining, beckenbodengesteuertes 73
Bewegung 20ff., 141
Bewegungsabläufe 11
Bewegungsintelligenz, natürliche 26, 33, 97, 126
Blase 75
Blutdruck, niedriger 160
Bronchien 147
Brustkasten 31
Brustwirbel(säule) 83, 94ff., 165
Busen, großer 112

Cantieni, Benita, Lebenslauf 170
CANTIENICA®-go! 169
CANTIENICA®-Powerhaus 167
CANTIENICA®-Methode 25, 100, 130, 152, **168f.**
Caput transversum (Quermuskel am Fuß) 44f.
Computerarbeit 131, 147

Darm 75
Darmprobleme 74
Dehnübungen 152ff.
Diagonalatmung 157
Doppelkinn lindern 169
Dychtwald, Ken 74

Einlagen 47f., 58f., 167
Ellenbogen 107

Faceforming nach Cantieni 168
Fallbeispiele 16ff., 28f., 34ff., 46ff., 56ff., 66f., 78ff., 99ff., 112ff., 127ff., 136f., 148ff., 167
Faltenminderung 169
Fehlhaltung und Laufstil 167
Feldenkrais ▸ Gentle Running
Ferse(n) 13, 23, 41, 53, 76, 95f.
Fersenbein als Kontrollstelle 140f.
Fersensporn 21
Fersenstoßen 90
Flachrücken 77, 169
Fliehkraft 23f., 29, 64, 135, 161f.
Fußabdrücke 47, 149
Füße 10f., 14, 23, 25, 32, **38ff.**
- Anatomie 39
- Workout 43ff.

Fußübungen 41ff.

Gang, aufrechter 26
Ganzfußlaufen 149
Ganzkörperdehnung 153
Ganzkörperlaufen 13
Gebärmutter 75
Gebärmuttersenkung 28
Gehen »hören« 140
Gelenkkettenreaktion 162
Gelenkschäden 168
Gelenkspalt 162
Gentle Running nach Feldenkrais 66, 147
Gesichtsmimik umprogrammieren 169
Gesundheitscheck 161
Gewichtsverlust 166
Glücksendorphine 166
Glykogenspeicher 161
»Goldener Faden« 133f., 136, 139f.
Golfen 142
Greb, Peter 149
Großzehengrundgelenk 41, 48, 53, 76, 85, 145
Grundmuskeltonus 128
Grundposition vgl. einzelne Körperregionen

Halbkreise, anatomische 139
Hallux rigidus 162
Hallux valgus 10, 39, 47, 162

Hals 11, 13, 19
Halswirbel(säule) 19, 133f.
Haltungsschäden 168
Hämorrhoiden 74f., 168
Hängelider vermeiden 169
Herzschlag beobachten 166
Hexenschuss 65, 95
Hochleistungssport 162
Hohlfuß 36f.
Hohlkreuz 26, 40, 60, 63, 77, 100f., 169
Hüftbeuger ▸ Psoas
Hüfte, Schiefstand 13
Hüften dehnen 159
Hüftgelenkarthrose 31, 55, 62, 64, 164, 169
Hüftgelenke 14, 25, 54, 62ff., 75, 164
Hüftgelenknekrose 164
Hüft-Lenden-Muskel ▸ Psoas
Hüftmuskeln 55, 63

Idealpuls ▸ Pulsfrequenz
Iliacus 77
Iliopsoas 76f., 163
Iliosakralgelenk (ISG) 70, 77, 88, 93
Inkontinenz 81, 169
Innenmenisken 15
Ischialgien 28, 35, 65, 93, 95
ISG-Syndrom 14, 70

Johnson, Michael 135

Kaiserschnitt 89, 103
Karpaltunnelsyndrom 118
Kiefer 31
Kleinzehe 41
Knickfüße 67
Knie 14, 23ff., 29, 42, **50ff.**, 76
– als Scharnier 51, 60, 64
Kniearthrose 52
Kniescheibe (Patella) 51f., 71
Kniescheibendrehung 24
Knieschmerzen 148, 167
Kniesehnen dehnen 157f.
Knorpelschicht (Knie) 51f.
Kohlenhydrate 161
Koordinationsrotation, gegenläufige 124
Kopf 11, 13, **20ff.**
Kopfhaltung 133
Kopfschmerzen 133, 136
Körperbewegung, Entstehung 23
Körperwahrnehmung 22
▸ Wahrnehmungsübungen
Krafttraining 17, 114f., 166
Krankheiten, degenerativen, vorbeugen 151
Kreuzbänder 64
Kreuzbeingelenke 14, 25, 70f., 84, 95
Kreuzschmerzen 11, 32, 86
Kronenpunkt 63, 85, 89, 110, 134f., 147, 154, 158, 165
Kugelbauch 63
Kurzatmigkeit 11, 13f.

Längsgewölbe (Fuß) 43, 149
Längsmuskulatur, Verkürzung der 164
Larsen, Christian 30ff.
Laufen
– gelenkfreundliches 161f.
– langsames 13
Laufpartner gesucht 146
Laufpuls 165
Laufschuh 145, 165
Lauftagebuch 19
Leconte, Henry 142
Leistenbruch 72
Lendenwirbel 25, 95, 133, 139
Levator ani 28, 73
Lieblings-Schultersetz-Übung 108ff.
Luftballons 38, 41ff., 52, 73, 92, 109, 134, 156
Luijper, Wim 147
Lunge 147

Magen, leerer 160
Magen-/Darmkrämpfe 143
Magnesium 17
Mandeln 147
Marathon 127, 167
Marilyn-Monroe-Sitz 40
Meditation 18
Menisken 64
Mensch als Fußgänger 145f., 162
Migräne 14
Modell John Buchhalter 64
Modell Marilyn 63
Monroe, Marilyn 63
Morgenlaufen 160
Mundatmung 147
Murmeln 38, 41ff., 92
Muskelkrämpfe 14
Muskelvernetzung 48f., 161, 163

Nacken 14, 19, 107, 127
– dehnen 154
Nackenschmerzen 65
Nackenverspannungen 98, 118, 127
Nasenatmung 147
Nervenentzündung 129

O-Beine 15, 26, 64, 76
Oberarmmuskeln 110
Oberkörper
– ruhig stellen 164f.
– vorneigen 162f.
Oberschenkel 10, 42, 51, 71f.
– dehnen 158
Oberschenkelhals 72
Oberschenkelhalsbruch 55
Oberschenkelmuskulatur 75f.

Patella ▸ Kniescheibe
Pectoralis maior 111
Petziball 131
Physiotherapie 66
Plattfuß 149
Po 10, 63f., 76
Pomuskulatur anspannen 164
Positives Denken 80

Powerprogramm
nach Cantieni 169
Prolaps 72
Pronation 139
Prostata 75
Psoas major/minor 76f., 156, 158f.
Psoas-Stretch 77, 91, 158f.
Pulsfrequenz senken 150
Pyramidalis 67, 88ff., 94, 103, 125, 140, 147, 154

Quergewölbe (Fuß) 44ff.

Radfahren 147
Reiten 29
Rennen 141
Reprolaps 142
Rheumatische Erkrankungen 118
Riesenschritte meiden 140
Rippen 11, 13
Rücken 11, 13f.
▸ Wirbelsäule
▸ Rundrücken
– dehnen 155, 157f.
Rückenlang (Übungen) 86ff.
Rückenmark 75
Rückenmuskeln 63
Rückenprogramm nach Cantieni 169
Rückenschmerzen 13f., 168
Rückwärtsrotation ▸ Knie
Rumpfmuskulatur aktivieren 163
Rundrücken 26, 29, 32, 37, 40f., 60, 94, 96, 101f., 109, 155, 169

Sand, Laufen auf 165
Sauberkeitserziehung 74
Schambein 67, 69, 74, 84
Schenkel dehnen 155
Schlüsselbein 107
Schnarchen 169
Schulterblatt 107f.
Schulterdach 19, 106, 117
Schulterkorrektur 110
Schultern 11, 13f., 18f., 23, 25f., 32, **104ff.**, 117, 127, 165
– dehnen 154
– koordinierte 125
– kreisen 123f.
Schulterschmerzen 169
Schulterverspannungen 98, 118, 127
Schwangerschaft 100
Sehnen(scheiden)entzündung 66
Seitenstechen 11, 14, 163
Selbstmotivation stärken 18
Senk-Spreiz-Fuß 10, 32, 39, 45, 47, 58ff., 162, 167
Shiatsu 66
Sitzbeinhöcker 23, 39ff., 53f., 56f., 63ff., 71ff., 76, 78, 84ff., 99ff., 137, 155
Skelettausrichtung 11
Skoliose 30f., 35f., 59, 61, 169
Spannungskopfschmerzen 65, 84, 131, 169
Special 168f.
Spiraldynamik International 30, 67
Sprinten 141, 162
Sprunggelenk 13, 41, 43, 54, 76, 149
Steigungen überwinden 34
Steißbein 64, 67, 74, 84ff., 95
Stilettostellung 63
Stöckelschuhe 63, 66
Stretchen ▸ Dehnübungen
Stretchhose, fest sitzende 29
Stütz-BH 29, 37
Supermodel 64f.
Supination 139
Symphyse 69

Taille 13
Tempo, angepasstes 11
Tennis spielen 142
Tennisarm 107, 118, 130
Tennisball 137
Tiefenmuskulatur 11, 14, 16f., 29, 34, 49, 55, 142f., 161, 166
Tränensäcke mildern 169
Trapeziusmuskel 107
Treppensteigen 135
Trichterbrust 169
Tunnelblick 136
Turbofettverbrennung 161

Übergewicht 10, 16f., 28f., 34, 161
Übungen im Alltag 147
Unterschenkel 42, 51

Verdauungsbeschwerden 74f.
Vollfußgehen (Übung) 139
Vom-Boden-weg-Halbkreise 140
Vorfuß 13
Vorfußläufer 150
Vorwärtsbewegung auslösen
▸ Becken

Waden dehnen 155
Wadenspannen beheben 150
Wahrnehmungsübungen
– Füße 43
– Knie 52ff.
– Schultern 108ff.
– Wirbelsäule 83ff.
Walken 141, 148, 150, 161
Wattlaufen 136
Wirbelsäule 64f., **82ff.**
– Vibration 137, 140
Wirbelsäulenverkrümmung
▸ Skoliose
Workout, für die Füße 43ff., 47

X-Beine 26, 54, 76

Yoga 89

Zähneknirschen 169
Zehengrundgelenkentzündungen 39, 45, 49
»Zehenraupenschrittchen« 45, 48
Zeitziele setzen 18

Impressum

Bildnachweis

Gettyimages, München: U1 (Photographers Choice/Chris Cole); Jump, Hamburg: 43 (Kristiane Vey); Lizenzfrei: 15 (Gettyimages/Stockbyte Platinum); Südwest Verlag, München: 11, 80, 145, 146, 163 (Nicolas Olonetzky), 47, 58 (Jan-Dirk Hansen), 114 (Kristiane Vey/Jump), 142 (Gotovac)
Alle weiteren Illustrationen stammen von Heidemarie Vignati, München.

Hinweis

Die Ratschläge/Informationen in diesem Buch sind von Autorin und Verlag sorgfältig erwogen und geprüft, dennoch kann eine Garantie nicht übernommen werden. Eine Haftung der Autorin bzw. des Verlags und seiner Beauftragten für Personen-, Sach- und Vermögensschäden ist ausgeschlossen.

Projektleitung Sabine Gnan
Redaktion Text & Form, Nicola von Otto, München
Layout & Gesamtproducing v|Büro – Jan-Dirk Hansen, München
Korrektorat Susanne Langer
Bildredaktion Tanja Nerger
Umschlaggestaltung & Konzeption R.M.E Eschlbeck/Kreuzer/Botzenhardt
Druck und Verarbeitung Alcione, Trento

Printed in Italy

Gedruckt auf chlor- und säurearmem Papier

ISBN-10: 3-517-06999-X
ISBN-13: 978-3-517-06999-9
9817 2635 4453 6271

südwest

MEHR VOM LEBEN

ISBN-10: 3-517-06728-8
ISBN-13: 978-3-517-06728-5

ISBN-10: 3-517-06443-2
ISBN-13: 978-3-517-06443-7

ISBN-10: 3-517-06450-5
ISBN-13: 978-3-517-06450-5

ISBN-10: 3-517-06619-2
ISBN-13: 978-3-517-06619-6